[日] 本田宗一郎 著
孙曼 译

匠人如神

本田宗一郎的人生进阶课

やりたいことをやれ

民主与建设出版社　博集天卷
CS-BOOKY

图书在版编目（CIP）数据

匠人如神 / （日）本田宗一郎著；孙曼译. —北京：民主与建设出版社，2016.5

ISBN 978-7-5139-0984-6

Ⅰ. ①匠… Ⅱ. ①本… ②孙… Ⅲ. ①企业管理－通俗读物 Ⅳ. ①F270-49

中国版本图书馆CIP数据核字（2016）第 021241号

著作权合同登记号：图字01-2015-3882

YARITAIKOTO WO YARE

Copyright © Hirotoshi HONDA & Keiko OGATA 2005

All rights reserved.

Original Japanese edition published by PHP Institute,Inc.

This Simplified Chinese edition published by arrangement with PHP Institute,Inc.,Tokyo in care of Tuttle-Mori Agency,Inc.,Tokyo through GW Culture Communications Co.,Ltd.,Beijing

匠人如神
JIANGREN RU SHEN

出 版 人	许久文
著 者	[日]本田宗一郎
译 者	孙 曼
责任编辑	王 颂
监 制	于向勇 马占国
策划编辑	袁开春 康晓硕
版权支持	文赛峰
营销编辑	刘晓晨 刘 健
版式设计	李 洁
封面设计	仙 境
出版发行	民主与建设出版社有限责任公司
电 话	（010）59419778　59417747
社 址	北京市朝阳区阜通东大街融科望京中心B座601室
邮 编	100102
印 刷	北京天宇万达印刷有限公司
开 本	875mm × 1270mm　1/32
印 张	8.5
字 数	150千字
版 次	2016年5月第1版　2016年5月第1次印刷
书 号	ISBN 978-7-5139-0984-6
定 价	45.00元

注：如有印、装质量问题，请与出版社联系。

本田技研创始人——本田宗一郎

本田宗一郎和他的"名参谋"——藤泽武夫

把年轻的本田宗一郎带入汽车工业的"技术商会"

在改进发动机功率上，本田宗一郎倾注了很大心血

为了准备参加 F1 大赛，本田宗一郎亲自设计的 RA270 赛车

正在与工人们亲切交谈的本田宗一郎

目　录　CONTENTS

匠人如神

目　录　CONTENTS

匠人如神

目　录　CONTENTS

01 / 迈出第一步很重要

一个人要想取得进步、赢得成功，迈出第一步很重要，总是缩手缩脚、优柔寡断可不行。

やりたいことをやれ

◈ 宝贵的第一步

一个人要想取得进步、赢得成功，迈出第一步很重要，总是缩手缩脚、优柔寡断可不行。如果不迈出第一步，就不会知道前面到底有哪些困难与障碍。哪怕失败了，这宝贵的第一步，也是证明你曾经前进过的足迹。

日本有谚语道："再会爬树的猴子也有从树上掉下来的时候。"告诫人们不要漫不经心、粗枝大叶。对这种由于不用心而造成的失败，我是不会原谅的。我唯一能原谅的是，为了进步而挑战新事物时所发生的失败。就好比猴子为了学习新的攀缘技术而不断进行新的尝试，它这时候的跌落经验是很宝贵的，值得奖励。

◈ 找到自己擅长的领域

我一生中，从未在自己不擅长的领域开拓过事业。在本田公司，我有幸得到了一个可以百分之百信赖的合作伙伴——藤泽武夫副社长，销售等领域的工作全部由他牵头，我只是埋头做自己擅长的技术方面的工作。当然，他的意见我也都是积极听取和采纳的。

即使在自己擅长的领域，也是要经过99%的失败，才能获得1%的成功。像我这样，哪怕是在自己擅长的领域，也会经常碰壁，更不用说在不擅长的领域了，那注定是要失败的。

◈ 工作不仅仅是为了工资

　　如果你认为工作仅仅是为了一份工资，那你就大错特错了。毕竟，人是精神动物。就好比上次公司举行运动会时，我作为红队队员参加了拔河比赛。其实对于我来说，无论是红队获胜还是白队获胜，都没有太大的区别，因为大家都同为公司的员工。可是，只要我戴上了红帽子，就情不自禁地想为红队使出全身力气，以至于第二天连腰都疼了。在我的工作生涯中，还没有哪项工作能让我持续腰痛好几天的呢，我这可不是为了金钱。

　　所以，我很同情那些仅仅为了工资而工作的人。人活着，还是要有股子精气神，只有这样，才能解决人生中的各种困难。

◈ 重要的是未来

工作中最不可缺少的是创新精神，无论什么工作，都可以不断改革、不断创新，所以对于我来说，访问本田公司的工厂，至今都是一件十分愉快的事，因为我一去，就可能看到工厂发生变化，哪怕是很微小的变化。

当我在生产线上来回走动的时候，常常会有年轻的操作工主动告诉我："看，我们对这里稍作了改动，现在干活更方便了，效率也提高了。"他们的表情很生动，充满了活力，我很欣慰地感受到，他们今天这么努力，一定能迎来一个更加美好的明天，而无数个美好的明天就构成了一个灿烂的未来。

◈ 掉入粪坑的假牙

　　一次，有一位外国客户来访，我们俩痛饮了一个晚上，我的酒量明显比他大，到后来他醉得不成样子了，听说后半夜还吐了，服务员把他吐的脏物拿到厕所里倒掉了。可是第二天早上，这位外国客户起床后却发现：糟了，假牙不见了！肯定是被冲到厕所里去了！

　　这是很久以前的事了。那时的厕所，还紧连着粪坑呢。当时面临的状况就是：需要有一个人立即跳进粪坑，把假牙找出来！

　　这是一件多么令人恶心的事啊，但当时我意识到，我只能亲自去做，因为大家的眼睛都看着我呢。

　　于是我脱光衣服，一咬牙跳下了粪坑。没多久，手就触到了一个硬硬的东西，果真是客户的假牙！捞上来之后，我又拼命地冲洗消毒，还塞进嘴巴里试了试，确认真的没有臭味了，然后又清洗了一遍，才交给了那位外国客户。这件事令公司所有人都大吃一惊，从此大家明白了：我是一个不怕脏不怕累的人！

◈ 两种自我辩护

　　每个人心中，都住着一个检察官、一个律师和一个法官，所以我认为人们的自我辩护也分为两种：一种是为了让自己的一生取得更大的成就，坚决贯彻自我的主张；另外一种可能就是消极的，属于自我辩解的那种。

　　在现代商业社会中，自我辩护在公司或者政府机关里还是很常见的，我甚至认为，说他人或其他公司的坏话，也是一种自我辩护，还有一些无聊的会议，从头到尾都是一些人在做自我辩护，很多信息都是负面的。所以说，自我辩护还是建立在"上进心"的基础上才有意义。

◆〉获胜的意义

有竞争的地方，就会决出胜者。胜者胜出的过程可能多种多样，但我认为，成为胜者之后的表现才是关键所在。

确实，成为胜者有很多好处，可以自由地进行各种创新试验，可以向传统做法进行挑战，不过，胜者在采取上述行动的时候，必须本着想振兴事业的精神，还要有成熟稳重的想法才行。否则，就成了胜者的骄奢与任性了。

成为胜者的意义，就是可以在"首位优先"的原则下实现远大理想。

◆ 年轻与良知

年轻意味着某种特权。不过并不是说，因为年轻就可以为所欲为。为了维持正常的社会秩序，我们首先应当遵守法律和公序良俗；为了自己的自由不受侵犯，我们首先需要尊重他人的自由。

在意识到权利的基础上履行义务，这是民主的根本。也就是说，无论怎样的行动，都伴随着责任，把自己的过错推到别人身上是绝对行不通的。无论在什么场合，自己的行动都应由自己的意志决定。年轻人如果能够意识到这一点，就会明白行动的自由是有界限的。如果年轻没有"良知"相随，就有可能成为野兽的獠牙。

一杯苦茶让我做出了决断

有一年，公司准备新建一家摩托车工厂，我为此考察了好几个城市提供的备选地块，不过因为各种原因都不符合我们的要求。后来，当我们来到爱知县某市时，竟然是县知事和市长出面，在一家十分豪华的料理店亲自接待我们，而且席间根本不和我们谈工业用地的正题，只是一个劲地劝我们喝酒。当时我和副社长都感到十分意外，这不是与我们的来访目的大相径庭吗？

最终，我们对三重县铃鹿市一见钟情，决定把工厂建在那里。为什么我们看中了铃鹿市呢？因为工作人员的态度特别务实，根本没有什么花里胡哨的接待，招待我们的只有苦茶一杯，连一块点心也没有。

🔶 如果心不在焉的话

这是个日新月异的时代，很多新技术被不断发明出来，然后又被遗忘了。有人认为"我只是个普通工人，没必要学习"，但我认为，这个时代所需要的人才，是既懂技术又能认清经济形势，还富有经营才能的人，否则很难干成一番事业。谁也不能单一地说"我只是个工人""我只是个技术员"或者"我只是个销售员"。

听广播、看电视、看电影、读书，通过这些爱好进行学习，也是一种方式。另外和不同职业的人交往，也能学到很多东西，同时也可以把自己的知识与他人分享。总之，"生活中做有心人，努力学习各种知识"，在今后的社会中将会变得越来越重要。那种心不在焉、无所事事的人，在职场和社会中都会被无情地淘汰。

◈ 内助之功

我很少与太太聊生意上的事情，不过心情苦闷时，倒是很愿意与她聊聊。比如说，"我到底该不该与那个人交往"，等等，这种类似的问题。

因为以前除了技术，我什么都不懂，很多时候，她从女性的角度出发，能给我提出不少建设性意见。

太太这个角色不简单。比如我也曾经做了很多惹她生气的事情，但她忍耐了我一辈子。而且她一直在身旁冷眼观察，就连我的小秘密也全部看在眼中。关于我的问题，她常常一语中的。所以我相信，她是世界上最了解我的人。

资金不足，用智慧和勤劳弥补

俗话说："有志者，事竟成。"本田公司刚刚创立时，我们曾经把人家被烧焦的机器捡来，翻新了再使用。生产活塞环的年代，因为买不起分析仪器，就跑到厂家去偷师，然后自己生产。因为缺少资金，所以一开始什么都是自己生产。

当年建工厂时，我们甚至还自己加工过混凝土呢。工厂建好后，却发现没钱买玻璃装窗子，也只好自己生产了。于是我们将碎玻璃收集起来，放进锅炉里烧熔，最后真的生产出了玻璃！虽说其表面是凹凸不平的。在那个艰苦创业的年代，凡是资金不足的部分，我们都是用智慧和勤劳来弥补的。

团队精神最重要

我认为，表现人类能力与素质的曲线，一定是像富士山那种形状的。位于高位的人极少，大多数人都像那绵延的山脚一样——这种情况我相信在任何国家、任何社会以及任何公司都一样。

一个国家或社会，包括一个企业，怎样做才能保持活力，持续地繁荣发展呢？那就需要能力与素质不同的人，向着一个共同目标一起努力了。我想说的是，公平感与团队精神对于企业、社会和国家来说，不知有多重要！

◈ 恋爱与技术

人不是机器，做任何事情，如果没有一份"情"包含在内，那我们也就没了"人情味"。

"情"这个东西，没有谈过恋爱的人，可能不会真正理解，有时它会折射出一个人的人品。恋爱其实就是一对男女心与心交融的过程，谈过恋爱的人，他（她）的心灵会更加丰富，也能更好地体察他人的情绪。这一点，在工作中其实是很重要的。虽说技术本质上是一种理论，但发明技术的人如果没有一颗敏感细腻的心，不能很好地体察人情世故的话，就不会有能持久受欢迎的、真正的好技术诞生。

◈ 握　手

在担任公司社长时，我一直有一个心愿：和公司所有的员工一一见个面，握个手。这个心愿在我辞去社长职务后终于实现了。我先是花了一年半时间，走遍了日本国内的700多处工厂和销售点，然后又花费半年时间乘飞机跑遍了公司位于海外的所有据点。

很多员工在本田公司工作了很多年，却没有见过我，特别是在一些偏僻城市的办事处以及售后服务中心工作的人。我与他们一一握手的时候，忍不住流下了眼泪，有的年轻员工也热泪盈眶了。其实，我并不是想鼓舞士气才这么做的，而是发自内心地想与他们见面。

我觉得在辞去社长职务之后，我变得更有人情味了。

⬡ 巨大的鸿沟

如今早已不是江户时代或明治时代了，无论是经济领域还是政治领域，都需要有全球眼光。在这样的时代，如果再一味强调"儿子要继承父亲打下的江山"，就很让人怒火中烧。难道我们这些股东和选民都是傻瓜吗？

问题是，道理谁都懂，但是实践起来很困难，中间有一条又大又深的鸿沟。这条鸿沟形成的原因有很多，有人情纠葛、"万事看情面"的传统习惯以及潜规则等，如果不把这条鸿沟填平的话，社会就不会进步。可是，大多数人虽然都明白这个道理，哪怕铁锹都握在手中了，但面对鸿沟还是会畏缩不前。

◈ 识人心很重要

过去的科技工作者，一般都把目光集中于自己的研究对象，埋头工作，而缺乏对人与社会的观察与理解，我认为这个现象令人担忧。

因为科技工作者最终的服务目标是人，哪怕是做基础理论研究、成天在实验室工作的科学家，他的学问也是为人服务的，更不要说那些生产商品要卖给顾客的人了。商品的销售对象是人，所有的服务，最终对象都是人，因此我们应尽可能地去了解人们的喜怒哀乐，了解他们的不满与期待，只有这样，才能不断创造、生产出广受欢迎的产品。

◆ 广大顾客仅仅是评论家

市场调查从某些角度来说是有用的，比如说，想知道顾客对某种产品的评价时。但并不是说以此为基础，就能生产出不断改良的产品，使其特别畅销，更别提想从市场调查中获得什么独特的创意灵感了，因为广大顾客并不负责提供灵感。拿文学领域来比照的话，他们不是作家，仅仅只是评论家。而企业家要像作家一样，必须有自己的创意和灵感。

一种商品要想让广大顾客赞不绝口，它一定要能为大家提供某种崭新的乐趣才行。创意由企业提供，广大顾客只负责提供评论。

🔷 人与时间

人类的文明就像时间一样，永远在前进，而不会后退。

自古以来，人们为了长生不老，一直潜心研究各种"炼丹术"，"炼丹术"与"炼金术"一样，可以算是人类最古老的技术。当然，聪明的人类还创造出了其他的时间管理法，比如：时间与空间的相对化，也就是说，我们通过驾驶，实现了更稳定舒适的高速度，使自己的活动范围不断扩大，而在时间概念上其范围就变得越来越狭小了。总之，关于时间，人类总是如此贪得无厌。

◆〉不要看轻别人，也不要被别人看轻

在我38岁那年，日本战败。41岁时，我创立了本田公司。

在那之后的24年中，随着日本经济的高速腾飞，汽车产业得到了长足的发展，后来，又迎来了国际化浪潮，企业也面临着变革。

我认识到，应主动把位置让给更年轻的经营者。于是，66岁时，我选择了退休，而在那之前的很长一段时间内，我与藤泽武夫副社长一直被认为是经营公司的"黄金组合"。

我是研究技术的，不善言辞，没有什么豪言壮语可以送给我的后任经营者。如果硬要总结一句经验，那就是"不要看轻别人，也不要被别人看轻"，我的人生已经走过了78年，一直就是这么过来的。

◆ 使劳动者安心

从我这个所谓的企业家的角度来看，我对日本的现状是极端不满的。

因为首先我对当前制度的源头，比如首相和国会议员们，就有很多意见。我觉得他们看上去高高在上，实际上却没有对国民尽到责任。说什么行政改革，如果不能给劳动者以安心感，那就是失败的。要想提高行政改革的效率，一定要把我们这些整日干活、两手满是泥污的劳动者的利益放在心间，不要伤害我们的感情和自尊心才好。

◆ 只有竞争才能进步

我个人认为，凡是受到国家保护的品牌或产业，其前途多半堪忧。因为它们受到保护，就不会吃太多苦头，不吃苦头肯定就经不起挫折。通产省对某些企业实施保护政策，这是一个错误的方针。打个比方，如果对方是个小孩子，那的确需要保护；如果一个年轻人都大学毕业了，你还想全面保护他，那他还能有出息吗？

所以有些被保护的企业就很容易出现"使用其他公司的设计""模仿他人"等行为，自己没有独创精神。因此日本只有鼓励竞争，社会才能发展，哪怕是过度竞争，都没有关系。

美国的汽车企业后来才有"三巨头"之说，过去曾经有过200多家呢。这三巨头是经过激烈竞争，从200多家企业中胜出的，它们能不强大吗？

⬡ 关于"坏孩子"

　　有些孩子在学校里被贴上"差生"标签之后，渐渐地也就更讨厌学习和自暴自弃了，我对他们充满了同情。因为我小时候就是所谓的"差生"，在我们那个年代虽然所学的科目那么少，内容那么简单，我都万分痛恨学习，现在的孩子要学这么多知识，做这么多习题，真的是太可怜了！

　　我不太明白，所谓的"坏孩子"，到底是哪方面坏呢？仔细想想，其实"变坏、使坏"，也是一种能力呢，没有这种能力的孩子，只能老老实实地学习，不是吗？所以大多数"坏孩子"，可能只是"调皮，不听话"，是一种"假坏"，家长和老师还是应当一视同仁，不要歧视他们，这是最重要的。

通过技术使"幸福"具体化

昭和五十五年（1980年），我荣获了"霍利奖章"①，在颁奖仪式上发表演讲时，我提到了下列内容，至今它们仍是本田公司的"社训"：

*开展工作时应有社会视野

*向社会提供价廉物美的商品

*不怕失败，永怀不断挑战的勇气

*重视实践，满足社会的需求

这些可以说是我的信念。最后，我说道："通过技术，使我们人类的幸福具体化，这是我作为一个技术研究者的使命，也是我的骄傲。"这是我发自内心的想法。

---

① 霍利奖章是美国机械工程师协会颁发的奖章，用于奖励在机械领域做出杰出贡献的人。

02 / 在擅长的领域才能如鱼得水

人生中最好的状态就是"在擅长的领域开展事业",所以只要一有机会,我就会对年轻人说:"去你擅长的领域发展吧。"

やりたいことをやれ

寻找擅长的领域

人生最好的状态就是"在擅长的领域开展事业"，所以只要一有机会，我就会对年轻人说："去你擅长的领域发展吧。"

公司里的管理层，如果能看清部下的强项和弱项，根据部下各自的特点分配工作，那么效率会大大提高。作为部下，也应本着"雄鹰不藏利爪"的精神，把自己的长处告诉上司，当然，这样做的目的也是让自己能够更加愉快地工作。

要想做到这一点，首先得发现自己到底擅长做什么。年轻人如果不了解自己擅长的领域，也可以请专业人士帮自己做一个职业诊断，或向比较了解自己的父母以及师长请教。

◆ 绘画中的科学

有一次，我在观赏一幅名为《北国之春》的绘画作品时，发现这幅画中有一些疑点。

比如说，北方的树木因为积雪太重，在幼苗期很容易被积雪压倒，所以树干往往是弯的。可这幅画中的树干却是笔直的，一点都不像在雪乡长大的树，看来专业画家的作品，并不都是很严谨的。

总而言之，即使是在绘画领域，也是需要科学知识的。

◆ 年轻人更了不起

　　老年人经常一边皱着眉，一边摇头叹息道："现在的年轻人真差劲啊……"可是，现代青年真的有那么差吗？其实自古至今，上了年纪的人都爱这么说。我年轻时也一样，只要做错一点小事，立刻就会被批评道："现在的年轻人如何如何……"

　　不过，在我们这个时代，生产汽车的、驾驶飞机的，甚至到月球上去探险的，不都是年轻人吗？我认为，无论什么时代，相比老年人，还是年轻人更了不起。

◈ 超越苦恼之后的喜悦

现代社会是如此日新月异，容不得人有半点懈怠。在发明创造的领域也一样，如果不费尽心思去探究失败的原因的话，就会跟不上时代的脚步。

自古至今，所谓"常识"，我认为就是为了让人们去打破的，有能力的人可以尽情发挥。当然也会有很多痛苦的时刻，甚至会夜夜失眠。当四面楚歌时，人会产生一种强烈的自卑感，觉得自己一无是处。这些都是我的亲身体验。但是，当超越了这些烦恼，前进了一步时，也会感到无上的喜悦。这种喜悦，会为你带来更大的勇气，去进行下一次挑战。

◆ 宾度罗的故事

据说释迦牟尼在庆祝成佛时，弟子中只有一个人，也就是宾度罗①，喝得醉醺醺的，没有去参加。作为惩罚，他被赶出了正殿，永远只能在大门口站岗，脸蛋至今还是红通通的样子。

可是，他很受老百姓欢迎，走到他面前时，几乎人人都喜欢摸摸他的头顶，对他充满了同情，就像很了解他心中的苦楚似的。

是啊，真正重感情的人，常常喜欢借酒浇愁，所以看上去不太靠谱。其实呢，那些到处表忠心的人，反而往往是靠不住的。

①　宾度罗是释迦牟尼的弟子，名列十八罗汉之首，婆罗门出身，不进入涅槃境界，留在世间救助众生，在日本因有抚摸其塑像祈求病愈的信仰习俗。

◈ 感受人生

　　人们常说，只要看一个人的手，就能大概知道他的职业与经历，这是千真万确的，哪怕本人并没有意识到自己的双手有什么特点。

　　就拿我来说吧，因为经常用右手去抚摸一些平面，比如汽车钢板，或者玻璃，时间一长，哪怕是一微米的凹凸，甚至更微小的差异，我也有信心能感受得到。但是，我的左手因为用得很少，就没有那么敏感了。

　　有的人通过手相占卜自己的未来，我却喜欢通过手相观察一个人的过去。

⬡ 遇见藤泽武夫君

　　对藤泽武夫君，当年我可是"一见钟情"。第一次见面时，凭直觉我就知道"这是个十分优秀的人"，相信他对我也有同样的感觉。如果一开始没有这种相互吸引的好感，我们二人后来也不会成为"黄金组合"吧。

　　要想看透另外一个人，是需要悟性的，如果没有丰富的人生经历，就没有这个能力。就拿我自己来说吧，正因为过去曾身经百战，吃过各种苦头，对自己的长处和缺点都已了如指掌，所以才能发现藤泽君与我在能力和性格上具有互补性，他正是我"众里寻他千百度"的那个人。与他邂逅时的那种巨大喜悦，是语言无法形容的！

　　记得刚开始合作的那一年，我们只要一有时间，就在一起畅谈理想，商量如何把企业做大做强。那真是一段愉快的时光。

🔷 人生的教科书

我的父亲虽然没有什么学问，但他是一个心灵手巧的人。到了晚年，他甚至不声不响地买来一块大理石材质的墓石，在上面认认真真地刻好了自己的名字，然后用混凝土做了一个工整的墓穴……他就是这样，连自己的身后之事都准备好了。

父亲的这些行为，具有一种特别的深意，证明他一生都是个独立自强的人，就连关于死亡的诸般事宜，也都自己一一打点好，绝不给他人添麻烦。对我来说，父亲就仿佛是一本特殊的人生教科书，给我留下了宝贵的精神遗产。

◆ 竭尽全力的时候

　　人的潜力，远比我们想象中的要大。比如我自己，小时候最怕跑步了，每次学校开运动会我就会犯愁，可就是这样的我，也有过变成飞毛腿的时刻。

　　那次，我驾驶着小飞机在低空飞行时失败了，最后飞机一下子俯冲到地面上，如果此时飞机燃烧起来的话，我肯定就被烧焦了，为了不把自己变成一块"烤肉"，我冲出舱门飞跑起来。我已经不记得当时我是怎么打开舱门的了，但是要再让我以那么快的速度跑一次，几乎是不可能的。可见，人在竭尽全力的时候，可以发挥出巨大的能量。

◈ 去世后也别为我立铜像

很久以前，公司里的员工就想为我树立一座铜像，我说："求求你们，千万不要为我雕什么铜像！即使在我去世之后也不要！"要知道，我连自己的照片都不想被别人贴出来展示呢。

上次去高野山的时候，我曾有一个惊人的发现：在高大茂密的杉树林中，除了有织田信长、丰臣秀吉、武田信玄等古代名人的墓之外，竟然还有很多十分气派的"××株式会社之墓"，墓碑上还雕刻着社长的名字！我对这种现象既吃惊又气愤，感到日本的株式会社（股份有限公司）的确有很多奇怪之处。

◆ 错误的劳动观

　　我粗略地估计了一下，一个人的力气大约为一匹马的二十分之一，而且，这还是在这个人充分休息好、娱乐好的情况下才做得到。如果把人也看作一部机器的话，这么难于操作且效率低的机器，恐怕早就被报废了吧。所以我认为，人作为劳动力的最可贵之处在于人拥有创意。一个人如果能够发明出一种特别棒的生产方法，其价值不是一下子就超过数亿的设备资金、数千的普通劳动力了吗？

　　在日本，至今还有很多人把"使尽全身力气机械地劳动"视为一种美德，"勤劳、忍耐"是最常用的赞美之辞，但我认为，就是这种错误的劳动观，使我们无意去开发自己的创新能力。

◈ 创意带来市场需求

粮食等产品，是刚性需求，需求决定供给。但我认为，有很多市场需求，是靠创意和生产方式决定的。比如战后，长柄洋伞的市场一度很大，于是出现了很多厂家，竞争很激烈，很快，就有一些厂家在竞争中败下阵来，倒闭了。后来，有人发明了折叠伞，本来都已饱和的洋伞市场，一下子又被打开了，人们纷纷购买。

所以说，是创意创造了市场需求，这二者之间的关系，值得我们深思。

◈ 年轻的能量

　　年轻人犯错误并不可怕，只要吸取教训，他就会迎来成功。但如果社长等高级管理人员犯了决策性错误，可能会直接导致公司破产。所以，我们应宽容地看待年轻人的错误，即使失败了，也应再给他们一次机会。

　　在我看来，年轻人的能量尤其宝贵。因为我们身处一个日新月异的时代，容不得人有半点懈怠。在发明创造的领域也一样，如果不潜心研究每一次成功与失败的原因，就不可能在技术上领先于其他企业。这些都很费体力与脑力，而且不是短时间内就能成功的，所以，如果不充分发挥年轻人的能量，就很难做成一番事业。

技术也要有个性

没有个性的技术是缺少价值的。以前，日本的大多数技术都是单纯模仿外国，尤其是在二战期间，整个国家缺少思想自由，根本谈不上什么发明创造、技术改良，工程师们对此也是敢怒而不敢言。

虽然现在的环境与二战时完全不同了，但要想发明出有个性的技术，也不是那么容易。对于年轻的技术员来说，模仿也许是迈向成功的第一步，但我希望他们能够记住：模仿只是手段，而不是目的。能够认识到这一点，他们就有可能发明出有个性的技术了。

🔷 让自己家孩子进了公司之后

很多经营者让自己家孩子进公司时，会和周围人说"你们一定要对他严厉一点""犬子不成器，全靠大家多指教"等客气话，我相信他们说这些话的时候是真心的，但我不赞成这种行为。

如果孩子加入了自己的公司，父母肯定会时时想着帮孩子一把，万一孩子犯了什么严重的错误，也会悄悄地委托某位部下去帮孩子收拾烂摊子吧。周围人也会体谅上司，处处包庇社长的孩子吧。

虽说这些都是人之常情，但在工作中如果处处从"情面"出发，就会给周围的人带来精神负担，我们把那种轻易就把孩子带在身边、扰乱工作秩序的老派经营者称为"老害"。

◈ 日语的生命力

我这个人不仅手巧，对语言也很敏感。儿时在老家不是帮忙干活，就是和村里的小伙伴们从早到晚地疯玩，没什么学习的机会，但进入中学之后，还是认认真真地读了不少书，像《日本少年》杂志、立川文库的访谈系列，以及《枕草子》《徒然草》《方丈记》等书籍，内容至今还都记得很清楚。

我特别喜欢日语的声调，觉得它富有韵律，而且我相信，日语作为一门语言能被使用至今，能经过这么多个世纪而不衰败，其中一定深藏着人类的智慧。每当我对它有所感悟的时候，都能感受到它强大的生命力。

◈ 给工会下跪

20世纪50年代初，公司成立了工会。当时公司的资金都用在添置设备上了，困窘得连员工工资都发不出来。当然，这一切都是我的责任，是我没有规划好资金的用途，所以我一再对员工们道歉，不过，再怎么道歉也没有用，保险柜里的确没有钱了。于是某一天，我被愤怒的工会会员们包围住了。

面对那么多员工，我只有耐心地解释至今为止钱都用到哪儿去了，今后将怎么解决困难。我说，目前公司的确没有钱，可是为了大家的幸福，我一定会拼命努力工作，这也是我作为社长的义务。最后我双手撑地，给大家下跪谢罪，总算说服了在场的人。在他们的掌声中，这场风波总算是平息了。

◈ 技术与艺术

　　过去我以为技术与艺术是风马牛不相及的，不过，在"忠实于自己、创造出不留遗憾的完美作品"这一点上，二者是相通的，我认为最美的东西，相信大多数现代人也会认为很美。因此，我们一边要面向未来，一边应充分考虑现代人的情感与需求，及时提供对方最需要的产品。

　　技术与艺术最主要的不同之处在于，在大多数场合中，技术必须要实用，而且受经济制约。在我看来，无论是摩托车还是汽车，都是非常了不起的发明。

◈ 面对失败时的愤怒

经常会有人拿着精致的彩色硬纸板来请我留言，而我最喜欢写的一句话就是："正因为有99%的失败才会有1%的成功。"看到的人都以为我对部下的失败非常宽容呢，其实并不是这样的。尤其是当我们的某个项目正在与时间赛跑，大家正在争分夺秒地开发着某项新技术时，若因为某个人的失误使得我们前功尽弃，那种时候我心里的那个恼怒与气愤啊，会像火山一样爆发出来，怎么狠狠训斥对方都不够，甚至还动过手呢!

但是，等我冷静下来之后，又会感到深深的后悔与自责。

◆ 不耻下问

　　一般来说，自认为很聪明的人，轻易不会向别人请教问题。他们会想：好歹自己也算是个有知识的人，连这么简单的事情都不懂，那多丢面子啊。他们很怕被别人嘲笑，所以有问题也只好憋在心里。从这个角度来说，这些貌似蛮有知识的人其实很可怜，他们会失去很多学习的机会。

　　像我这样总感到自己没学问的人，就很容易做到不耻下问，所以，我的知识才会不断增加。就连在生产线上遇见年轻员工，我也会向他谦虚地请教："这儿到底是怎么回事啊？"凡是看到我这种虚心态度的人，都会很高兴地上前来回答我的提问。

⬡ 诸恶的根源

我认为人与人之间的不平等是诸恶的根源，福泽喻吉先生曾经说过"神不会把任何一个人放在其他人之上，也不会把任何一个人放在其他人之下"，对于他这种"人人平等"的思想，我举双手赞成。

在孩提时代，我家里的入浴顺序都是规定好的，在孩子目光清澈的眼中，这就是一种不平等，当然，还有很多种不公平。很多人长大后渐渐就适应了，或者说对这个不公平的世界绝望了，但我一直没有。我至今痛恨"仅仅用人种、门第或学历来判断一个人"的做法。

◆ 人眼与镜头

我喜欢在画画前把准备画的东西或景色先用相机拍下来，结果却发现这些照片往往是靠不住的。首先，在相机的镜头前，拍摄对象都是平面的；其次，人眼对于一个自己有兴趣的事物，会感到对方强烈的吸引力，而相机的镜头只有一个固定的倍率，只能机械地抓住要拍的对象，而且，它无法同时感受到光与影、明与暗的差别。总之，无论是一个普通的盘子，还是雄伟壮观的富士山，用我的眼睛去看和从相机镜头里去看，是不一样的。所以，我们平时看到的那些美丽的明信片，也未必是真实的。

🔶 证书其实没什么用

工作之后，为了重新学到一些基础知识，我去滨松高等工业学校（现在的静冈大学）当了一名旁听生。那时，凡是我认为没什么用的科目，就经常逃课，也不参加考试，可想而知，后来我就被勒令退学了。校长对我说："你这样的学生，是不可能得到毕业证书的！"我还回嘴道："证书其实没什么用！比起毕业证书，我宁愿要两张电影票！"当时我就是这么想的，电影票至少还能让我看一场喜欢的电影。

虽然当时我被校长训斥得抬不起头来，但对于像我这种已经在职场打拼多年、只想学点知识应用在工作上的人来说，证书还真没什么用处。

◈ 使经验变得更有价值

通常情况下，我们喜欢以过去的经验判断事物，还喜欢把自己的想法强加于年轻人。不过，经验是什么呢？经验就好比是食材，你有再新鲜高级的食材，如果烹饪方法不当，也做不出美味的料理。所以说，厨师的技术最重要。要是遇上了无能的厨师，再好的食材也白搭。

所以如果我们仅仅拥有经验，其实并没什么价值。要想让某个经验得到大家的尊重，首先得看经验的拥有者从这个经验中学到了什么，然后他的收获还要经得起时间的考验才行。

03 / 韬光养晦、厚积薄发

无论在什么时代，经营者要想在某个领域取得成功，首先需要的是创意，其次是要找到窍门，最后，还要有不怕失败的勇气。

やりたいことをやれ

◈ 韬光养晦、厚积薄发

无论在什么时代，经营者要想在某个领域取得成功，首先需要的是创意，其次是要找到窍门，最后，还要有不怕失败的勇气。只有在深刻反省失败的基础上，才会迎来成功。

日本有谚语道："雄鹰藏利爪。"也就是说，把谦虚视作美德。即使是在现代，人们也认为有实力的人在一般情况下，不应该轻易显示自己的能力，否则就是"出风头"。

我认为这种想法不可取，尤其是年轻人，就应该不怕失败，韬光养晦、厚积薄发，如果有机会，就要展示自己的才能。

◈ 行动要合理才能取胜

我平时爱读一些战争小说，但看到其中有很多不合理的描写，会产生强烈的反感。因为在战争时期，谁都会为了保住自己的生命竭尽全力，只有采取合理的行动，才有可能获胜。而书中那些不合理的行为，读者看了怎么可能相信呢？

比如说，某本书中写到日俄战争时日本联合舰队获胜了，它获胜不是理所应当的吗？因为其对手俄国的太平洋舰队，是从严寒的俄国远航到非洲，穿过酷热的印度洋，航行了一万八千海里才抵达日本的，其时已经筋疲力尽了，在这种情况下，日本联合舰队怎么可能败给它呢？

◈ 技术的根本是礼仪

也许有点杞人忧天吧，我经常担心技术过于发达了之后，人类的精神进步就会变得迟缓。如果说人的能力是一个定量，我担心科技越发展，就会往这个定量里混杂进越多的东西，最终精神层面反而变得空洞了。

我认为技术的核心是礼仪，一切应以尊重对方为根本。礼仪是人之本，与之相比，科学与技术只不过是一种手段而已。当今世界有一种怪现象，就是"越专业的人，越容易颠倒事物的本质与手段"。专业人员应当明白，我们所进行的科学技术方面的研究，最终是为了全人类的幸福。

◈ 夫妻间的平衡

除了我太太之外，我几乎没有欺骗过别人。不过对她撒谎的时候，我常常以为自己是滴水不漏呢，没想到却早已被她一眼识穿了。这也算是夫妻间的一种平衡吧。

世间大多数的夫妇，都是一边互相抱怨着对方，一边不离不弃地过着平凡的日子。作为太太，也许都希望自己的丈夫每天工作一结束就回家，吃自己亲手做的饭菜。不过，这样的生活也未免太单调了吧。一成不变的日子，容易让人产生厌倦，偶尔想寻找点刺激，这也是人之常情。

◈ 没有谁是多余的

人与人的性格各不相同，有的很有趣，有的不可思议，但在一个团队中，没有谁是多余的。所以我总爱说："用人时不可太挑剔，否则你不可能成为一个真正的领导者。"

在一个人才云集的技术研究小组里，如果大家都很优秀的话，这个小组的工作反而容易遇到问题。如果这个小组里有性情乖僻的人，可能他利用他的乖癖，反而容易发现一些问题；如果有做事特别拖拉的人，可能他的缓慢有时反而会接近问题的核心本质。总之，一个人在集体中的力量是有限的，要想做成事，还需众人拾柴火焰高。另外，每个人都不可以轻言放弃。

社长与盲肠一样，只是可有可无的点缀

　　我每次住宾馆填写"职业"一栏，都会写上"公司职员"四个字，即使总台服务员感到奇怪我也照写不误。因为我并不认为社长有什么了不起的，人们不是爱打趣说："课长、部长、社长都一样，菜刀、盲肠、疝气也都一样吗？"（在日语中，这些词的语尾发音相同。）

　　也就是说，那些职务，不过是些符号而已，只有在公司系统中发号施令时才有用，与一个人的价值并无多大关系。

　　判断一个人的价值，还是要看他为企业、为社会，做出了多少贡献，而不仅仅是看他的职务高低。我当社长的时候，就不喜欢拿着社长图章到处显摆。有人说我现在是"功成名就、光荣隐退"，其实并不是这样的。

◈ 必要时要进行反省

　　每个人都知道反省的重要性，但真正能在必要时进行反省的人却不多，大多数人都是对他人严厉，对自己却很宽容。因为：首先，能够冷静地把批判的目光投向自己，就需要很大的勇气。然后，在这个基础上再进行反省，简直就像是在伤口上挥舞手术刀一样，是自己与自己斗争，所以很多人做不到。

　　虽说反省很需要勇气，但人要是不反省会怎么样呢？其实对于不反省的严重后果，我们每个人心里都一清二楚。

◆ 娱乐中的创造

娱乐和游戏很重要。如果能开发出一些娱乐项目，让每个人都能在游戏中得到身心满足，那是一件大好事。如果这些项目进行起来方便、简单又很有趣的话，那么人人都会有兴趣参加。当然，如果需要高度的智力与技术，也会有很多人愿意挑战。假如那些外国传来的娱乐项目渐渐地不能满足人们的需要了，我们就应当开发、创造出一些适合日本风土习惯的新项目。

以前是日本模仿其他国家，现在是其他国家模仿日本。未来的社会，我们应当多思考、多创造，哪怕是在娱乐领域。谁能发明出新的游戏，谁就应该得到尊重。在年轻人之间尤其应该推崇这种创造性精神。

◆ 努力与徒劳

不是所有的努力都能有好的结果。为什么这么说呢？因为努力本身，只是一种不带任何意志的运动，就像棒球手，无论主观上怎么有意愿，都不能保证一定会投一个好球。投球这个动作是受投球的手控制的，就像努力这个行为，也要符合当时的形势，才会被认可为"努力"，仅仅嘴上说"我努力了，但没成功"，与没努力是一样的。

在工作中如果没能发挥自己的能力，或者没能选对正确的方法，都会使我们的努力变成徒劳。为了使你的努力更有价值，就必须多下功夫，选对方向与方法。

◈ 坏账就交给律师吧

我们本田公司当年没有借助那些大商社，完全靠自己的力量直接开拓了海外市场。在陌生的外国能够建立起营销网络，取得不俗的销售成绩，是非常不容易的。当时的藤泽专务也经常遇到各种烦恼，比如"坏账问题"。

他曾经说过："有销售的地方就会产生坏帐。但日本商界有个不好的习惯，谁的手上发生了坏账，谁在公司的前途就会受到影响。我认为这样员工的积极性会受挫。其实万一发生了坏账，让律师去处理不就行了吗？有能力的销售员还是应该把更大的热情投入在新领域的开拓上。"

⬡ 凭自己的力量决定胜负

大概在昭和二十九年（1950年前后），进出口自由化的浪潮袭来，首先开放的领域是摩托车。其实在这之前，我已经多次去通产省请求允许进口摩托车。光是允许自己出口，同时限制外国产品进口，世上哪有那么便宜的事呢？而且这样的话，我们不会知道自己的产品在市场上处于什么地位。再者，如果我们的产品足够好，再怎么进口外国货，老百姓还是会买我们的产品，那么放开进口对我们并没有太大影响；如果我们的产品不够好，即使出口了也没人购买，那出口也没有意义了。我不信自己国家的用户都不愿意购买的产品，其他国家的人会愿意购买……总之，比起什么"振兴出口的相关政策"，我更愿意依靠公司和产品的实力来取得成功。这才是真本事。

◈ 不尝试怎么会知道

　　创业至今，我们从不轻言放弃。当年只有一间很破的小工厂时，根本谈不上什么设备，每当我在昏黄的灯光下研究那些零部件时，我的助手就像护士给医生递手术刀那样，不断地把各种工具递给我。他稍有疏忽，我就用扳手轻敲他的手臂。当然，我能够走出一条成功的道路，离不开各方合作伙伴的大力支持。

　　面对我的各种创意，无论谁，只要说一句："那可能做不到吧？"我都会毫不留情地反驳："不尝试一下怎么会知道？"

◈ 经验只属于过去

　　想当年，我曾经纠结于气冷式发动机，与年轻的技术员争得面红耳赤，在他们眼中，我一定是个可笑的老顽固吧。在我眼中，技术没有高下之分。当然，即使我的观点是错的，争论后那些技术员对我的错误也会宽容地一笑了之。

　　在与他们争论时，我总是喜欢强调自己过去的经验，其实这些经验在年轻人眼里算不了什么，与我们相比，他们有未来，有梦想。幸亏我较早地认识到了这一点，所以才没有继续顽固下去。

◈ 创意与灵魂

我们生产某个产品时，并不仅仅是像机器人那样单纯地操作机器，在生产开始之前，会有一个整体构想，会思考，我们到底想生产出什么样的产品，怎样才能达到那个既定目标。为了实现理想，我们会尽一切努力。

所以说，我们的产品中饱含着我们满心的热忱，甚至可以说饱含着技术研究者的创意与灵魂，我们对自己的产品怀有很深的感情。如果说人与物质之间也存在着精神纽带，那就是指我们对产品的这种情感吧。

◆ 最重要的是人品

人在遇到挫折时会觉得自己很不幸，但是从长远的角度来看，很多人正因为吃过苦，受过累，全力打拼过，才能够理解别人的不易，才能得到别人的正面评价。

我认为人的人品最重要，一个人如果得不到别人对其人品方面的认可，那么无论他在学问和事业的道路上怎么成功，也是失败的。

人品不好的人，很难拥有良好的人际关系，没有良好的人际关系，就很难在事业上取得成功。所以说，人品最重要。

◆ 发过火之后

当年我担任社长时，曾经对犯了错的部下发过很大的火，甚至还动过手。但是等我平静下来之后，我认识到当时的自己很愚蠢，其实完全没有必要那么做。我甚至陷入深深的自责当中，因为被我责骂的部下并不是故意要犯错的，他们废寝忘食地工作，却被骂成这样，真是太不应该了。但是因为面子，我又不好直接去向他们赔礼道歉，只好趁他们在的时候，假装开几个玩笑，故意制造出一种轻松愉快的氛围……我是在用这种方法向他们道歉。

好在那些被骂过的部下都能理解我的心情，又满怀热情地重新投入到工作中去了。这样的情况，发生了不少次。

◆〉让擅长和不擅长的领域形成互补关系

那些在自己擅长的领域还频频犯错的人，我认为他们是过于自信了。如果是自己不擅长的领域，估计就要谨慎得多吧。人一旦有了谦虚的态度，对别人的话就更听得进去，也更能借助身边人的力量，有时候反而更容易获得成功呢。

每个人都有自己擅长和不擅长的领域，这也是构成个性的一部分。所以，作为个人来说，应当在自己擅长的领域多发挥能力，在不擅长的领域就多与别人合作。在指挥一个集体的时候，也应使拥有各种能力的人形成互补关系，这样这个集体才能变得更强大。

◈ 最佳组合

所谓经营，就是由生产和销售这两方面构成的。我在生产领域比较擅长，但是一谈到销售就不行了。当年我们生产的摩托车在市场上很火，销售量不断攀升，可是却有很多货款收不回来，所以利润也无法实现。正在苦恼之时，我遇到了藤泽君。

他与我正好相反，技术领域虽然一窍不通，但在销售方面却很有一套。公司好几次遇到严重的财务问题，都已经到了很危险的地步，都是他力挽狂澜，筹措到了资金，使公司顺利渡过了难关。所以我们被称为经营上的"最佳组合"，我十分庆幸能够遇到这么优秀的合作伙伴。

坦率真诚地说话

我这个人很喜欢说话。心里有什么想法，总是想尽可能地说出来，我希望通过与别人的交流，了解自己的想法是否正确，是否有趣，是否有价值。有时候我抛出了某个话题，会从别人那里得到很多新知识和新想法，这也是我喜欢的。

我发现，只要坦率真诚地说出自己的想法，对方一定会有所回应。一个人的时候可以沉默寡言，和别人在一起的时候，还是应该多交流。我喜欢说一些富有幽默感的话，使在场的人都感到愉快，要是让我变成不说话的石狮子，仅凭表情去猜测别人的想法，或是演哑剧，那我恐怕很难适应。

◈ 关注卫生间

过去公司在设计新工厂时，最先讨论的是卫生间的位置，因为它关系到大家的切身利益，甚至有的工厂把它建在厂房的最中间，因为这样无论是谁要去都得走相同的距离，比较公平，而且它位于厂房正中央，大家不得不格外注意保持清洁。

无论是拜访一户人家还是一家工厂，我都一定会去一下卫生间，因为我想通过细节了解对方是个什么样的人。有的人家客厅很豪华，卫生间却脏兮兮的，这说明这家人对于每天使用的场所都毫不在意，这种不讲究的态度，我是不赞成的。所以，我会尽量避免和这种人交往。

⬣ 人品最重要

在我看来，一个人凡是遇到不懂的问题，都会有朋友乐意来教他，如果能够做到这一点，就可以说他所受的教育是成功的。因为这证明这个人人品好，能与周围人相处融洽，这一点可比往脑子里硬塞死知识重要得多。

看看我们周围，并不是说你毕业于一所名校，有很多知识，脑袋很聪明，就一定能过上幸福的生活。我觉得决定人生的，还是人品和工作态度。希望家长们能够认识到，为了让孩子变成所谓的精英，在竞争的道路上不惜践踏他人的利益，是不可取的。这么做的话，孩子们的前途反而会很危险。

◈ 一知半解

当我们理解、判断某项事物时，由于储备知识的不同，得出的结果也不一样。如果我们原有的知识缺乏理论性，仅仅是靠感觉，或是一知半解的话，就不可能做出正确的判断，所以说，没有那些碎片般的知识反而更好。没有的话，就可以客观接受、评价一项事物了。

人们的经验往往是不可靠的，尤其是那些在别人面前大吹特吹的所谓"经验"，到底有多少是真的呢？比起经验，更重要的是你通过这些经验，到底学到了什么。

⬡ 坚守自有品牌

我的合作伙伴藤泽武夫最常说的一句话是："要想占领全球市场，一定要珍视自有品牌。这是首要条件。"

公司也曾经接到过美国公司要求贴牌生产几万辆汽车的订单，那时我们很缺资金，说实话很想接下这笔订单，可还是拼命忍住了，最终我派我们的川岛喜八郎专务亲自去美国开拓市场。可以说是当时的忍耐与努力，最终使得"本田"这个品牌走向了世界，获得了成功。

所以说，还是要坚守自有品牌，对自己的品牌要有信心。

◆ 不忘自己的平凡之处

说起"以德服人"这四个字，我觉得这是我们做人的根本。但遗憾的是很多人忘了这一点，只顾着追求什么学问呀技术呀销售额等，总之是只顾了手段却忘了做人的根本，所以现代社会才会这么混乱。

像我这样一个没怎么好好读过书、只对机器感兴趣的人，能够取得今天的成功，我觉得应归功于我牢牢记住了"以德服人"这四个字。我只是一个凡人，如果硬要找出我有什么优点，那就是我在工作中凡事都能够站在他人立场为他人着想，所以大家也都愿意接近我、帮助我。

04 / 为自己努力工作

我平时经常对员工们说："你们要为了自己的幸福而努力工作。"不要说为了公司，工作是为了自己。

やりたいことをやれ

◆ 为自己而工作

我平时经常对员工们说："你们要为了自己的幸福而努力工作。"

不要说为了公司，工作是为了自己。自己最重要，公司是其次的，公司只是大家实现幸福的一种手段而已。

日本人有一种倾向，就是提倡为公司卖命，而不太会提到国家和个人的利益。只要有了公司这棵大树，每个人就真的甘于躲在其背后为了它的利益而竭尽心血吗？我是不太相信的。其实每个人只要能为了自己的幸福不断奋斗，那他自身和公司都会有所受益，都会得到发展。

◈ 产品不会撒谎

产品是最真实的，它能够忠实地表现出生产者的理念和想法，它既不会撒谎，也不会做无用的辩解。

对于厂家来说，一件产品就可以说明一切。性能与品质如何，必须接受广大用户的评判，你再怎么夸大宣传或者拼命解释都没有用，因为广告词中可以有谎言，产品却不会撒谎。

◈ 色即是空，空即是色

从前的社会发展速度缓慢，要想干成一番事业，首先得
有经营资本，资本是一切的基础。哪怕你仅仅是生产酱油和
豆酱，从开始生产到产品上市，也需要一个过程，没有资金
的支撑是根本不行的，所以有很多城市的酱油制造商都是当
地的大财主。但是现代社会不一样了，一年半载的发展就抵
得上过去的一二十年。

因此在当今社会，相对于资本，更重要的是创意和想
法，是时代巨变使得它们与资本的地位颠倒了。这一切，只
能用佛教中的"色即是空，空即是色"来解释。

◈ 头脑的运动会

日本没什么资源，唯一拥有的就是人，都说人是最宝贵的资源，在我看来，如果这个人没什么创意和想法的话，也谈不上什么"宝贵"。每个日本人都应当清楚地认识到，我们赖以生存的只有这几座小小的海岛，我们每个人都有义务开发创意，靠创意发展产业，振兴经济。

本田公司能够取得成功，不仅仅是靠我和副社长的创意，而是靠大家集思广益。像我们这样经常举办"创意大奖赛"的企业，恐怕全世界也只有我们一家吧。我当时的想法是：既然有锻炼身体的运动会，为什么不能举行关于头脑的运动会呢？对于优胜者，也不是仅仅发一点儿奖金就完事了，因为我们毕竟不是为了举行智力竞赛，那些好的创意，我是一定要在生产经营中灵活采纳的。

◈ 一个儿子与几千个儿子

说实话，每当世间对那些大公司的不肖继承者有很多猜测和流言时，我的心绪都会很乱。我是个不服输的人，一开始我甚至想过，我就是要把自己儿子弄进公司，通过他自己的努力和奋斗证明那些猜测与流言都是错误的。

但是后来我不禁为自己的这种想法感到羞愧。把儿子弄进自己公司的确不是难事，但即使他以后真的成长为一个优秀的经营者，这也还是违背了我的人生哲学。儿子只有一个，但我还拥有几千名员工，他们也像我的儿子一样。因为是亲生儿子，就把他指定为公司继承人，这对另外那几千名儿子公平吗？十年过去了，事实证明我的想法是正确的。

⬡ 欧美人的实力

在美国开设了摩托车工厂之后，我见识了欧美人的实力，如果他们能更清楚地意识到自己该干什么的话，就更加厉害了。不过他们经常是"各扫门前雪"，只干交给自己的任务，而不关心整个团队的工作进度。比如说，下班铃声一响，哪怕是正在生产线上拧螺丝的工人，也会丢下螺丝刀走人。第二天来接班的工人更不会管这个被拧到一半的螺丝，他只干自己分内的事。而日本人是不会这么做的。如果欧美人能够真正理解为什么需要在这里安装螺丝的话，肯定会产生新的创意吧，他们的实力还是很可怕的。

◈ 健忘的天才

我这个人很健忘,所以过去的事情很快就不记得了,否则的话脑子里总是塞满了往事,就很难装下新东西了。

我是学机械的,现在的机械学,要加入很多电子工业的内容,还有化学等其他方面的知识,虽然我在大庭广众之下经常宣扬"忘记过去,才能有新的发展",其实按照我过去的知识储备,早已跟不上当今时代的发展了。

不懂装懂是万万不可的,那样会误事。等到不能再产生任何新创意的那一天,我会毫不犹豫地离开工作岗位。总是沉浸在过去的荣光之中也没什么意思,"好汉不提当年勇",到时候我会装出一副"已将过去彻底遗忘"的样子,坚决地离开。

◈ 只有竞争才能分出优劣

就像赛车一样，生意场上的竞争也是非常激烈的。虽说不会流血受伤，但要让众人都接受你（的产品或品牌），真的很难。一不小心，就面临破产倒闭的风险。我当年也是不由分说地就被带到了这样一个残酷竞争的环境中，奋斗了几十年，所以对此有着深刻的体会。可以说，世界再怎么安宁太平，生意场上都是很残酷的，必须面对你死我活的竞争。你可以想象赛车的精彩场面，有意思的是，当初大家都是从一个起点出发的，但很快就在速度上有了先后之分，原因可能是各种各样的，也有看运气的时候，但我认为最根本的问题还是在于你如何看待竞争。

◈ 直抵心灵的做法

在过去，很多人很小就去工厂或商店当学徒，要是以为一当上学徒就能学到技术，那就大错特错了。最初的半年或一年，基本上都是帮主人家带孩子或者打扫卫生，一直要干到下一个学徒到来为止。

学徒的早饭一般都是米饭加上大酱汤，由女用人帮着盛来，为了讨好女用人，让她能帮自己多盛一点米饭和汤，最好汤里还能有块肉，哪怕是带毛的猪皮也好，学徒都要比女用人起得更早，把院子扫得干干净净才行。我当年也是，学徒时代付出了很多辛苦，通过这段经历，才了解了社会，了解了生活。这段经历至今被我深深地铭刻在心底。

◆ 忠实于自我

我是搞技术出身的，所以这些年对于自己公司所产车的车型和设计一直有着浓厚的兴趣，也进行了很多研究。最初我觉得如果没有系统性的学习，设计对于我来说太难了。后来我发现，问题的关键就在于如何找到眼下自己觉得最棒的形状、线条和颜色。

于是我就变得释然了，产生了新的自信，觉得我这么多年的人生态度都是"忠实于自己"，那么，只要是我自己喜欢的形状，把它变成最新的设计不就可以了吗？

◈ 理论与实践

　　我一方面很看重理论，同时又很重视实践。如果根据某个理论设计出了一个产品，我会想尽一切办法进行实证，一定要得到最好的结果才行。

　　技术是很不可思议的，有时毫不费力就能得到与理论完全一致的结果，有时只要程序上有一点点出入，就会得到完全不同的结果。时间一长，也有经验了，我只要有预感，认为"似乎能成功"，就会立即开展实践。同时在工作中也经常会"那么做如果行不通的话，就换个方法试试"，在这个过程中，积累了很多新奇而宝贵的经验。

要是变成了教祖

和我同时离开本田的藤泽武夫副社长，在创业初期时常说："你这个人，就爱讲歪理。你那副煞有介事的样子，还蛮能吸引别人的。如果有一天公司破产了，你倒可以成为某个新兴宗教的教祖，这也同样可以敛到很多财哦！"

当时我就想，要是万一我变成了某个宗教的教祖，一定要与其他宗教有所区别，我将追求哲理，以理服人，不强调人生的不可思议，而是为现代人提供通俗好懂的理论，帮助他们解决实际问题，追求具有普遍性的哲学。也许我这样一个无神论者，真能成为一个有新鲜感的教祖呢。

要想指挥别人，自己也要变得更好

那些能指挥别人干这干那的人，都是能站在别人角度思考问题的人。但总是站在别人角度思考问题的话，自己的烦恼就会增加。我甚至认为，自己没有苦恼过的人，肯定无法指挥别人。

同时，要想指挥别人，自己也需要有"想变得更好"的意愿。所谓"变得更好"，就是在别人眼中能更加体面、完善地处理问题。听上去虽然有点浅薄，但这是真理。一个人要看上去完美、做事体面，这一点很重要，就像汽车的外观设计一样，如果设计不行就卖不掉。人也一样，如果别人对你没有好印象，你就很难在社会上立足。

🔶 成长的契机

我这个人有点"妻管严"，所以在很多方面都很依赖我太太。在公司中也一样，对那些十分优秀的人才，我也有依赖心理。在任何方面都争强好胜的人其实是没有魅力的，其周围人也会变得唯唯诺诺。

每次与儿子或部下争论，当我处于劣势时，我即便再懊恼都不会当面认输。我会在事后，装作无意中对其他人提起，"上次还是他的看法正确啊"，然后这句话一定会传到他们耳朵里的。我相信这对他们来说是件好事，得知自己的想法比长辈或上司都要棒，他们的自信心也会大为增加吧，也许这就会变成他们成长的契机。

◈ 决不允许蒙混过关

　　汽车不同于其他商品，它拥有多种生产要素，必须长期保障驾驶者的安全才行，所以，无论是多么细小的零部件，哪怕是顾客眼睛看不到的地方，也绝不允许偷工减料，蒙混过关。关于燃料消耗率，也绝不允许说只要送检的车测出的数值合格就行了，要是这样的话，一个企业就不可救药了。

　　同时，在分工越来越细的当代社会，如果我们对其他领域过分依赖的话，也会成为企业的致命伤。

　　总之，我们应排除那种蒙混过关和过分依赖他人的思想，为了能够对自己所做的工作更有责任心与自豪感而尽一切努力。

◈ 前所未有的宣传

那还是昭和三十四年（1959年），本田公司正式进入美国市场时的事情。当时的美国因为汽车已经普及，摩托车产业无论是在经营还是技术领域，都陷入了困境。于是我们判断，再像以前那样从实用的角度宣传摩托车，肯定行不通，所以我们就把本田的摩托车包装成"享受休闲时光的交通工具"，还设计了一些适合女性和孩子骑的车型，并取名为"猎人童子军"或"渔夫童子军"等。为了改变"骑摩托的人就是暴走族"这一不良印象，我们甚至在《时代》以及《生活》等高级杂志上做了很多广告，这可以说是摩托车领域前所未有的宣传，很快我们的摩托车就变得供不应求了。

◆ 谁都是哲学家

一般人提到哲学，很容易把它想得过难，似乎是学者闲来无事才在那里空谈的大道理，其实不然，哲学渗透在我们每一个人的日常生活中。

比如说，公司的经营思想，又称为"社训"，就是一种哲学，所有的经营者都是根据自己的哲学在做出判断。

作为一个公司领导，也应该有自己的哲学，其中应包含着对部下的责任感与体贴之心。在家庭中，父亲与母亲也应有各自关于经营家庭的哲学和教育子女的哲学。这些都不是什么特别高深的道理，其实就是看你如何理解他人，如何为他人着想。

◈ 孩子们在一起玩耍

现在的孩子似乎不太在一起玩了，我小的时候特别调皮，整天与一群孩子在一起，玩得不亦乐乎。像我们这些小男孩，在一起玩的游戏也常常是"模仿打仗"，有时甚至还互扔小石子呢，要是如今那些过度紧张的妈妈看到了，肯定会大吃一惊吧。不过，孩子们通过这些看上去像是在冒险的游戏，也提高了判断能力，他们能分清什么行为是真正危险的，什么行为是安全的。

在大自然的怀抱中尽情玩耍，经常来点刺激和冒险的活动，我们就是这样一天天长大的。

◆ 学问的前途

　　我感到当前的学校教育，属于过于偏重知识的"填鸭式"，这很成问题，但我并不是说孩子们不需要学问和知识，我只是觉得，人为地不断扩大孩子们的学习范围，增加他们的负担，这种现象可不太好。

　　提到学问，当今社会在技术领域是越来越专业化了。要是在从前，你拥有一个自己的专业，比如说，电气或金属，知识就够用了。但现在不行，在某个领域中还会有很细致的分工，所以需要更多的专业人士。因此，即便学习的范围很广，如果只是浅浅地了解你的专业领域，那又有什么用呢？

🔶 充分发挥"步兵"的作用

将棋①九段的升田幸三大师有一次提出想参观本田的工厂，于是我就在我们位于埼玉县和光市的本田技术研究所接待了他。

他一走进会客室，就夸奖道："你们这里很擅于使用步兵②嘛。"

听说下将棋的时候，步兵是可以向对方进攻的重要棋子，不擅于使用步兵的棋手，根本谈不上是什么大师。

经营公司也一样，正如升田大师所见到的那样，我们公司的保安和前台小姐都表现出彬彬有礼、训练有素的职业教养，难怪他会发出那样的感叹呢，不愧是将棋大师，他看问题足够敏锐。

---

① 将棋，起源于印度，据说是奈良时代由遣唐使从中国带到日本的，分大将棋、中将棋和小将棋等多种形式，如今广为流传的是小将棋。
② 步兵，在将棋中是最多的棋子，在整盘棋中起到了很重要的作用，是厮杀的关键，有了步兵，就有了向对方进攻的作战能力。

◈ 我的写生术

我爱画画，但我画的不是抽象画，而是没有任何变形的写实画。

作为一个以技术为专业的人，可能是职业病吧，如果所画对象的实际大小与现实不符的话，我好像很难接受。就算要缩小的话，我也要按照固定的比例，二分之一就是二分之一，否则良心上会不安。这一点与那些天马行空的艺术家和画家有很大区别。

无论是以盘中苹果为对象的静物画，还是画富士山或家乡天龙川附近的美景，我都希望尽可能忠实于原状，所以每次我都是跑到现场，认认真真地进行写生。

◆ 年轻的特征

所谓年轻，用一句话总结，就是"不拥有过去"，因为没有一知半解的知识，所以能够有勇往直前的态度，直观地面对现实，以新鲜的目光看待事物。正因为这样，才能经常有新的创意产生，让我们这些老人又惊又喜，这就是"年轻"的特征。

我认为年轻人把他们的热心与激情毫无保留地倾注在某项事业上时的姿态，是最美的，但也有些青年，年纪轻轻却整日在意周围人的眼光，活得唯唯诺诺、缩头缩脑的，这哪里还有年轻人的样子嘛，简直就是披着年轻外衣的老年人！年轻人还是不要有太多顾忌，应大胆地说出自己的主张。

⬢ 所谓信用

　　无论是谁，都无法单独生存在这个世界上，每个人都受到许多来自周围人的恩惠，这样才能构筑起属于自己的人际交往圈，所以即使为了自身的充实与幸福，也应重视身边的人际关系。为维持良好的人际关系，应以"信义"为基础，接受了别人的恩惠就要报答，总之，必须树立起"信用"。

　　我认为信用的内涵，其实就是"爱"，你爱别人，也会为别人所爱。首先你要有契约精神，约定的事情一定要做到。其次你要让别人有利可图，也就是说要通过你的人生与工作，为更多的人带来恩惠，这就够了。

◈ 模仿性与创造性

所谓"流行"是靠什么支撑的？是靠我们人类的两种精
神：创造与模仿。你先拥有了创造性，思考出一些流行的要
素。然后将其展示出来，再向顾客推销。这就利用了人类的
模仿本能。总之，流行背后的心理就是"人家有了，我也要
有；人家这么做了，我也要这么做"，所以说，创造性使我
们生产出新的产品，模仿性使广大顾客因为从众心理而跟随
流行。

对于制造商来说，广大顾客的模仿心理很宝贵，但从生
产的角度来说，商品不允许随便模仿，必须具有独创性。我
们制造商还是应多研究广大顾客的模仿性，这样才能使他们
紧跟我们产品的步伐。

05 / 幸福的报酬

人类社会，是靠相互扶持才成立的，人与人之间只有互相帮助，才能在这个社会生存下去。

やりたいことをやれ

⬡ 人生的报酬

人类社会，是靠相互扶持成立的，人与人之间只有互相帮助，才能在这个社会生存下去。那种严重影响当地老百姓生活的企业，应该立即将其关闭。无论何时何地，都绝不应该给他人添麻烦，这是我的人生信条。

所幸我遇到了能够理解我的信念并按照我的蓝图经营企业的藤泽君，还有那么多富有才能的员工，大家齐心协力奋斗到今天，我才能未犯什么大错，从而与大家共同迎来今天的成功；才能在退休时，与藤泽君一起回忆往事，感到自己的人生无怨无悔，两个人都沉浸在巨大的满足感中。这对于我来说，是任何东西都无法替代的幸福的报酬。

◈ 难忘的感动

还是在小学三年级的时候，有一天，听说滨松的步兵连队将要进行飞行演习，我惊喜得差点跳起来。由于一心想去看，我只好逃学了，并把父亲的自行车偷偷骑了出来，费尽全力，骑了将近20公里，才抵达练兵场。当时说是飞行演习，也不是真正的飞机，不过是在一种滑翔机上加了发动机而已，就这样，还要十钱①的门票才能进入有高墙包围的练兵场。可我当时身上只有两钱，怎么办呢？走投无路时，嘿，我发现墙角边有一棵大松树，我连忙爬上了树顶，终于看到了倾慕已久的飞行演习。那一瞬间的感动，至今难忘。

① 钱是日元的单位，1日元=100钱。

牛的耳朵

一次，我参观一家牧场，发现牛似乎没有耳朵，问饲养员"牛的耳朵在哪里"，他也说不知道。回到东京之后，我又问我的画家朋友，他拿起一支铅笔，刷刷两下就为我画了出来，原来，牛的耳朵就位于牛角的后下方，不仔细观察的话，根本看不到。

我恍然大悟。同样是看牛，因为目的不一样，所以关注点也不一样。

以此类推，世上有很多事，我们貌似了解，其实在很多细节方面，根本一无所知。在开始学习绘画之后，我才明白了这个道理。

◈ 总是以理服人

　　一般人平时观察或思考问题时，往往都是从自己的角度出发。

　　但我总是尽可能地站在他人的角度去想，他到底在想些什么？他为什么会那么做？为什么会那么说？因为我想尽可能地以理服人。

　　这都快成为我的一个习惯了……我总想找出现象背后的理论依据：为什么当时他会说那样的话？哦，我明白了，也许因为当时我的脸色很凶，所以他只好那么回答了。

　　也就是说，对于他人的行为与言语，我希望自己能将其视作理论来接纳。

🔷 竞争的原理

在经营者的世界里，永远没有终点。企业倒是梦想着有"永远的成功"，但现实中却不得不为了生存而努力拼搏。因此，在某个竞争过程中，还无法判断"胜负"，只能说，有第一名存在，其他的企业都排在第二名及第二名之后。

企业间的竞争，对于消费者来说是好事。那些速度比赛，如赛跑、赛艇等项目，正因为有激烈的竞争，大家的速度才能不断提高。如果第二名与第一名之间的距离不断缩小，就证明通过竞争，的确产生了进步。

要是第二名及第二名之后的选手实力不是很强，并且没有斗志的话，连第一名都会变得懒散起来，那样的话，大家就很难再进步了。

◆ 人与人必须是平等的

　　小时候的我十分顽皮，所以吃了不少苦，有一些令人懊恼的童年回忆。当时我家里很穷，很少有新衣服穿，再加上经常用袖子擦鼻涕，所以袖口都变得像塑料一样硬邦邦的。隔壁是一户很有钱的人家，每到儿童节，为了祈祷家中男孩茁壮成长，家里都会摆出非常气派的武士玩偶，多为弁庆、义经等古代英雄。我当时眼馋得不得了，就跟在后面跑去看热闹，谁知他们家的人却把我赶了出来，还说："像你这样的脏孩子，不许进我们家门！"我当时难过极了，那种滋味至今也忘不了。虽然我只是个孩子，但是也产生了疑问，心想："凭什么因为贫富差距就把人分为三六九等？"

　　也许因为心中有这样的隐痛吧，在成为一个经营者之后，"人与人必须是平等的"，成为我事业上的信条。

◈ 我想知道的只是未来

　　有时会遇到那种像百科词典一样知识渊博的人，他们往往比较饶舌，你刚说点什么，他就会忙不迭地接话："我知道，我知道，那是怎么回事……"对这种人，我会揶揄道："我知道你什么都知道。不过你所拥有的知识，只限于过去发生的事情。我想知道的是未来会怎样，你知道吗？"

　　当然，未来是建立在过去的基础上的，了解过去也很重要，但我们更想知道的是未来，所以我认为，所谓知识，如果不是用于开拓未来，其实也没什么价值。

◈ 把灵感付诸实践之人

脑子里刚刚一闪念，立即将其付诸实践的人，一有灵感立即加以证实的人，这样的人在拉丁语中被称作"工作人""技术人"，听上去有些奇怪，我想也许是为了区别于那些只说不做的"口舌之徒"吧。

我的人生信条也是"用脑思考，用手思考"，也就是说必须得"手脑并用"。虽然现在我已经离开了开发新技术的第一线，但我还在画一些充满技术性的画，与那些天马行空的画家不同的是，我依然是以一个制造者的严谨态度，在十分认真地挥动着我的画笔。

◈ 模仿是陷阱的入口

因为我不喜欢模仿，所以为了找到适合自己的做法，费了很多心血。事实上，我们花了相当长的时间才赶上那些外国的车企。但是我们的努力没有白费，赶上他们之后，我们的优势就显现出来了，因为我们一开始吃过很多苦头。如果一开始我们仅仅是模仿，那的确是一条简单易行的路，但那之后终究是要吃苦的。我至今认为，研究者必须耐下性子踏踏实实做研究，千万不能模仿他人，一旦开了这个头，可能就要永远模仿下去了。

这一点对于企业来说很重要。在经营者准备放弃独自的创意、走上相对简单的模仿之路的那一瞬间，可以说，这家企业就要开始走下坡路了，那之后的衰败也是不可避免的。

◆ 生活中充满哲学

"哲学"这个词，是明治时代之后才从西洋引进的，是从英文"Philosophy"翻译过来的，据说这个词的原意是"对智慧的热爱"，是指人们为了生活得更好而不断积累自己的思考与体验等行为。

我的人生哲学是"重视人的内心"，并在工作中身体力行。现代社会有一种倾向，那就是人们对待万物都是事务性的态度，只会机械地处理，很少有人会关注自己和他人的内心，这样的话，心灵与心灵之间，怎么可能相通呢？"识得人心"成为越来越重要的一种哲学。

包括经营者在内，所有人，即使成不了哲学家，也应该重视自己的"处世哲学"。

⬡ 心灵也需要修理

我十多岁的时候曾经干过修汽车的活，那时就明白了一点，光会修车是远远不够的，还得懂得顾客的心理才行。

那些汽车出了故障的顾客，有的因为故障吃了苦头，所以十分懊恼、气愤，情绪很不稳定，可以说，不仅仅是汽车坏了，他们的心情也坏掉了。再看到我这么个不到20岁的、乳臭未干的毛头小子来修他们的车，心中更是充满了不安。

于是我本着"同时修理他们心情"的精神，总是把他们的车擦得干干净净，交还给他们时不是光简单地说一句"修好了"，而是详细向他们说明哪里出了故障，我采取了怎样的修理措施。我亲切周到的服务，给了顾客莫大的安慰。

◈ 向未来前进的力量

我们现在所处的这个瞬间，既可以说是过去，也可以说是未来。如果过去储存的那些知识对我们的未来不能起到什么作用，仅仅是"知道"，又有什么用呢？甚至还会成为负担吧。说得极端点，背负着太多的过去，甚至会危害到一个人的现在与未来。所以说，不能成为你成长养分的过去，还是舍弃了比较好。只有舍弃了过去，才有可能更好地面向未来。我之所以能变得强大，就因为我不拘泥于过去的知识。

我拥有两种知识，一种是通过学习了解到的知识，还有一种是通过实践得到的知识，也就是经验。这两种知识，推动着我不断向着未来前进。对于那些别人告诉我的或者书本上写着的知识，我很少生吞活剥，因为我深知，那些都是别人的过去。

◆〉关于孩子的教养

当今社会有一种"母亲过度溺爱、保护孩子"的倾向，究其原因：这些母亲不能把自己的孩子视为一个独立的人，而是只把他们当作自己生命的延续体。

其实小孩子从一岁半或两岁起，就已经开始产生自我意识，并形成了自己的独立人格。然后他们上学后，将通过与小伙伴之间的交往和相处，学会逐渐适应社会。

正因为幼儿的可塑性很强，所以大人千万不能把他们当小猫小狗一样只知疼爱，当然也不能过于严厉，应教会他们遵守秩序，礼貌待人，做一个有教养的人。

◈ 心无旁骛

一次，我终于实现了长久以来的心愿——在一直向往的英国圣安德鲁斯高尔夫球场打了一场高尔夫，遗憾的是当时我连连击球失误，所以球场是什么样子的、周围是什么风景，我一点印象也没。昭和四十九年（1974年），为了参加"旅游杯"摩托车赛（简称曼岛TT赛），我带着太太访问了有名的英国曼岛。这个岛对于我来说是很有纪念意义的，因为为了能让我们本田摩托车在大赛中获胜，我曾经几次到岛上详细考察。可是当我和太太漫步在岛上的时候，却感到周围的风景是那么陌生，看来以前我埋头于工作的时候，周围的一切都是看不见的。

◆〉不同的世界

现代社会讲究速度，产品升级换代得很快，思想与价值观也无时不在变化，在这种情况下，如果还总是被过去的经验所束缚的话，年轻人肯定不会买我们的账。

就好比当你观察水中的鱼儿时，也许你会想，这小鱼成天待在水中，又不能飞又不能跑，真不自由啊，可是鱼儿清醒地知道，对它来说，离开水就意味着死亡。

现在的年轻人与我们这代人，就好比是生活在两个世界的人。如果我们没有自知之明，总是用老观念去指挥年轻人干这干那，肯定会给他们带来巨大的烦恼吧。

◈ 奉献之心

　　无论学问还是技术，包括世界上其他的一些有价值的东西，都只是我们为他人奉献的一种手段。所以，只是因为自己有学问，懂技术，就自觉高人一等，这种想法是不可取的。当然，有学问、懂技术是很了不起的，但只有你的学问和技术能为他人做出贡献，你才能被视作一个优秀的人。最重要的是，我们要有一颗爱别人的心。

　　在经营的领域也一样，我决不赞成那种为了赚钱而不择手段的态度。经营者一定要有长远目光，应通过自己的经营为社会做贡献。

◈ 打破常识

在刚开始推出摩托车的时候，很多人猜测，这下自行车恐怕要卖不掉了。

等到汽车开始普及的时候，人们又担心摩托车恐怕要被逐出市场了。可是事实上怎么样呢？大家都没猜对。

无论摩托车还是自行车，虽然产品外形有所变化，但依然都卖得很好，所以说，有时候我们会因为成见而形成误解，最后不知不觉就偏离了成功之路。

如果光从常识的角度来看，本田公司也是很难成功的，但我认为，只有打破常规，企业才能闯出一条生路来。

▸ 演技很快会穿帮

有些公司经营者很会演戏，会找时机狠狠地训斥底下人一顿，假装很生气的样子，这一套我一点也学不来。我要是发火了，那就是真的生气了，要是让我演戏，很快就会穿帮。装样连小狗都会，它们会根据主人的脸色改变摇尾巴的方式，但如果你的对象是人，还是很容易穿帮的。

我过去的确很容易生气，经常对部下发火，但我都是对事不对人，这一点相信他们都已经了解了。不必伪装，该发火时就发火，这一点很重要。

◈ 危机感

人一旦成功，就会变得沾沾自喜，不思进取，可是世事无常，这么一来，前方就很容易出现危机的陷阱。特别是在技术领域，可以说日新月异，稍有疏忽，就跟不上新时代的发展。自从我们在曼岛摩托车赛中获胜之后，我就产生了强烈的危机感。

我内心的危机感是多重的，既有关于自身的，也有关于企业的，还有关于日本这个国家的。人在陷入困境的时候是最能发挥创造力的，可能正是内心的危机感为我带来了不可思议的工作活力吧。

对方的立场

我们都希望别人能够接受我们的想法，按我们期待的方式去实现，但要想做到这一点，首先要了解别人的想法，在这个基础上充分理解对方的立场，才能请求对方真诚相助。

所以说站在对方的立场考虑问题非常重要。当你驾驶汽车的时候，如果能从步行者的角度出发，那你驾车时就会变得更守规矩，更谦让；当你走路时，如果能从开车人的角度出发，你的走路方式也会发生变化。要是大家都能这么做，那么，不用多余的言语，人与人之间就能够建立起"互相体谅、互相关怀"的良好关系了。

⬡ 人与人之间的平等意识是道德的基础

我们必须认识到，除了极少数天才和圣人之外，一般人的能力与情感，都是差不多的，也就是说，我是人，他也是人，大家没有太大差别。

有些人不能清醒地认识到这一点，总以为自己高人一等，甚至有一种根深蒂固的特权意识，说实话，我挺瞧不上这种人的。

大臣希望的事，普通国民也希望；社长想要的东西，普通员工也想要。所以我坚信，人与人之间的平等意识是道德的基础，只有在这个基础上我们才能建设一个令人舒适的社会环境。

◈ 否定科学是有罪的

虽说科学已经解决了人类社会很多未知的问题，但还是有很多难题尚未得到解决。尽管如此，无论是在什么时代，科学都是人类所拥有的最高能力，是不变的道德与正义。现代社会有人以科学的不成熟为借口，企图否定它的价值，这是绝不允许的，这和否定人类一样，是一种犯罪。

在宗教领域也一样，如果以神的名义否定科学，那么这种宗教对人类绝不可能有什么好处，它一定是一种邪教，属于精神暴力领域的犯罪。

◈ 用眼睛观赏的交响乐

在我看来，工业设计得像一曲交响乐，既需要注意到每一个细节，又不能忘记整体的平衡。但是如果过分拘泥于平衡感，那又容易变得没有个性，有时候，一点点"不和谐"也是促使转向和谐的一个因素。

就像我们人一样，有缺点的人，才更有魅力，否则会很无趣。把那些差异、个性上升到美的高度，就是设计，若是再加上实用性，就是真正的好设计。若是日本人能够对设计产生更浓厚的兴趣，能进一步享受设计的乐趣，我们的生活也一定会变得更加愉快吧。

⬣ 重新思考

我刚从社长的岗位退下来的时候，非常不适应，因为我是一个工作狂，早上一睁眼就想着去上班，所以刚退休时，好几次清晨我都下意识地坐上汽车，朝着公司的方向开去。

但是在途中等红灯的时候，我却突然一下子就清醒了，我在心里对自己说道："你现在又跑去公司，别人应该用什么态度来对待你呢？不是说要培养接班人早日自立吗？你不是刚刚信誓旦旦地在大家面前宣布要退休的吗？"

这么一想，只好又灰溜溜地掉头回家。这样的情况，在刚退休时出现了好几次。

06 / 以人为本

我并不想说日本政府的坏话，但我的确对其一些做法不太满意，比如判断一家企业的实力时，只看大小、规模和财力，而不是看人。

やりたいことをやれ

◈〉以人为本

我并不想说政府的坏话，但我的确对其一些做法不太满意，比如判断一家企业的实力时，只看大小、规模和财力，而不是看人。

我想说的是，毕竟是"人"在经营企业，动不动就让一个企业合并到另一个大企业中去，这是错误的，是对企业内部组织的无知。即使重组，也要考虑到那些"被合并"的小企业的员工，他们的心里是怎么想的？没有经营过企业的人，很难真正理解他们的心情。

◈ 我的"宝贝"

我的左右手差别很大，右手比左手要大一圈，左手上全是伤口。

因为我一般都是用右手挥舞着工具干活，而用左手接着等着产品，所以无意间左手就成了受害者，光是指甲就不知被削掉过多少次，不过新指甲很快就长出来了。左手的大拇指与食指也被工具削掉过，所以比右手手指要短一厘米。左手手背上还有不小心被车刀削过的伤痕，以及粗头锥子刺过的痕迹……看来我比一般人对受伤更有抵抗力，其中历史最长的伤痕跟着我都快50年了，这些全都成了我的"宝贝"。

◈ 《特定产业振兴临时措施法》

　　大约在昭和三十七年（1962年）吧，当时的通产省制定了所谓的《特定产业振兴临时措施法》（简称"特振法"），其核心内容就是"现在没有生产汽车的企业将永远不得进入汽车产业"，当时我非常愤怒，跑到通产省拍着桌子发了一通大火，最终"特振法"被中止了，但是政府命令我们这些汽车企业进行整合，他们认为不这样根本竞争不过美国的企业。当时我们在汽车领域还是小企业，如果进行整合，只有与丰田或日产合并，我一听仍然很生气，对那些官员说："天下竟然有这样的蠢事？反正我们坚决不和其他公司合并。别忘了我们是股份有限公司，你如果想让我们合并，你先购买我们的股票，成为我们的股东之后才有发言权！"现在回想起来，那真是一段充满斗争的岁月。

◆ 无论什么时代都不会改变的东西

当今的时代，生活节奏变得越来越快，技术日新月异，整个社会也是风云变幻，让人目不暇接。尽管如此，也有永不会改变的东西，那就是人的心灵，或者说是我们的思想与处世哲学。企业也一样，一个没有自己经营哲学的企业，肯定是走不远的。

在我看来，决定一个企业生命的是它的经营哲学，其内容还必须是无论是谁，在哪里听到了都能接受的内容才行。如果它的经营理念能够超越国家和民族的界限，让全世界的人都普遍认同和接受，那么这个企业一定能够在整个世界获得成功。

◈ 关于"三不运动"

我第一次听到"三不运动"时，感到无比震惊，教育已经变得如此简单粗暴了吗？所谓"三不运动"，是面向高中生的，即"不允许考驾照；不允许拥有摩托车；不允许开汽车、骑摩托"。在我看来，这根本就是在以一种蒙混过关的态度，强制性地抑制高中生对于交通工具的关心与欲望，这与教育本来的目的是背道而驰的。

现代社会高速公路四通八达，多种交通方式并存，作为一个现代人必须适应与面对。在高中时应教给学生们足够的交通技能，并让他们养成严守交通规则的好习惯，这样学生们走上社会后才能适应，这才是高中教育中应包含的重要课题，现在的"三不运动"真的是对学生太不负责任了。

连起码的知识都没有

公司刚刚开始生产活塞环的时候，遇到了一些困难，于是我就去当时的滨松高等工业学校（即现在的静冈大学）请教藤井老师，他把我介绍给了铸造专业的田代老师。田代老师只看了一眼我带去的活塞环，就立即指出："硅的含量太少了！这是金属材料领域的初级知识！"我当时的震惊程度，就像头部被榔头击了一下！唉，我连这么起码的知识都不具备，白白浪费了那么多时间与资金！于是，我立刻找到校长，开始在学校旁听课程，身份也一下子变成了少见的"社长兼学生"。九个月后，我们终于如愿生产出了合格的活塞环。

"好孩子"与"坏孩子"

一般世人会把那种从不脱离大人思维轨道、让干什么就干什么的孩子看作"好孩子",而把那种大声说出自己的意志与想法、喜欢采取富有个性行为的孩子看作"坏孩子"。

但是我正好相反。

我对所谓的"坏孩子"怀有特别的期待,因为他们富有个性,所以充满可能性。他们才是真正的"好孩子"。

⬡ 成为受欢迎的人

　　人这种动物很有意思，有时候会心口不一。当然，如果是真心想帮助你的人，往往会说真话，有一说一；但如果他不想帮你，就有可能把白说成黑，把黑说成白。同样是做一项工作，你能不能得到周围人的帮助，性质完全不同，这也算是一种人情世故吧。

　　因此，重要的不是你拥有多高的学历，而是你拥有多少人气，有没有人愿意真心帮助你，所以平时要注意积德，应努力使自己成长为一个受欢迎的人。

⬡ 学者的常识

卸任后，我召集过一些世界性的学术会议，与那些外国学者交谈很有意思，有些很简单的事情他们也会像幼儿园的孩子那样不停地问：为什么？为什么？

然后我恍然大悟了，很多事情我们普通人认为是常识，但是学者们会产生怀疑，不停地问为什么，这样才能不断取得进步。"要不断打破常识"，才是学者们的常识。我被他们的这一特点深深吸引住了，于是发表了很多这方面的言论，结果学者们夸奖我："你还有进步的余地。"本来我作为学会会长只要去发个言就行了，但我却从头到尾连去听了三整天的会议。

🛑 家庭是人生的港湾

我们成立家庭，不仅仅是为了有一个吃饭和养育孩子的地方，家庭，是我们人生的港湾。

作为多年生活在一起的伴侣，我肯定也有很多惹太太讨厌的缺点，但那种讨厌之情在生活中自然而然地就被消除了，并不需要讲什么道理。即使讲道理也不能消除的矛盾，只存在于陌生人之间。这一点，家人与陌生人完全不一样。

比如我晚上经常会一边想着"要是再喝了酒回家，恐怕又要被骂，还是别喝了吧"，一边又忍不住喝得醉醺醺地回家。太太也一边发着牢骚："又喝成这样……"一边对我再次表示理解："唉，男人也需要应酬，真是没办法。"有时候就需要这样的宽容。

◈ 露出真面目更好

　　人，有时候为了某种利益，为了守住自己的立场，会说谎，或是"装样"，要我说，如果不诚实的话，你后面一定会吃苦。

　　比如有人在别人面前会使用自己从没用过的敬语，明明想喝酒却忍住不喝，等等，我倒觉得把自己的真实面目露出来更好，因为这样自己后面会轻松些，而且周围的人也更容易接受一个真实的你。

　　还有，我读书时不喜欢那些充满了豪言壮语的书籍，这种书我一般是不碰的，因为我知道，里面的内容都是假的。

◆ 家庭之间不需要来往

我认为，公司里的同事，关系越好，越不需要把家里人都牵扯进来。因为每个家庭都有自己的秘密，又有孩子，还有不同的爱好，我自己就不希望看到同事们的家庭生活。有些人因为工作关系变得家人之间也有往来之后，会产生不必要的嫉妒或者竞争的心理，这反而会给工作带来麻烦。你不去拜访对方的家庭，就什么事都没有了。

比如我与副社长藤泽君，并肩奋斗了那么多年，关系非常好，但我们只在公司碰面，他从不来我家，我也没去过他家。这样就很好。

◈ 回到爱与道德的原点

我不否认，国家与国家之间的交往，需要制定各种规则，这也是为了能够维持一个良好的双边关系。但有时候某些约定和规则会偏离原先的轨道，或者过于牵强附会，所以在我们现代人眼中也就变得没有价值了。

别忘了，不管多么高大上的国际规则也是人制定的，而人的爱心、道德心远比国际规则更重要。所以我们应当回到爱心与道德心的原点，在这个基础上开展国与国之间的交往与贸易，难道不是吗？

⬢ 能上也能下

无论是什么社会，都有上层与下层之分。

位于底层的人想往上爬，必须付出艰苦卓绝的努力，而且要想实现人人平等，必须所有人都拼命往上努力才行，可是，却很难做到"每一个人都位于上层"。但从上往下却容易得多，就算你特别有能力，如果能放下架子，与周围的人打成一片，那么周围的人就会更加认可你的能力，会心甘情愿地推选你为他们的领袖，这样你就可以在更好的平台发挥你的能力。所以，位于上层的人要先放下身份，与大家共同努力才行。

◈ 科学时代的教育

现代社会的民主是在每个国民明确自己权利与义务的基础上建立并推进的，现代文明也是在每个国民不断拓展自己智慧的基础上才取得进步的。

特别是在如今这样一个科学技术高度发展的时代，光靠某个天才的智慧，是很难拉动整个社会向上发展的，必须在每个国民都拥有科学知识的基础上，天才的创意才能被有效地活用，最终促进社会更好地发展。

所以教育界应当注意，或者说必须注重这一点。

◆ 合理利用模糊概念

"色即是空，空即是色"，这句话简直可以说是日本人处世哲学的核心精神，所以在日本，存在着"暧昧"一说，日本人十分理解那种"既不说yes（是），也不说no（不是）"的感觉。"暧昧"，就好比是黄昏时刻，在一天当中，你既可以把它看作白天，也可以把它看作夜晚。

如果万事都要判明到底是"yes"还是"no"，那么无形之中你的世界会变小，"暧昧"的最大作用就是：能让你可进可退，不会走入一条死胡同，无论你往哪个方向走，都有发展的余地。

对于搞技术的人来说，有时候"暧昧"也非常重要，当然，绝不可以滥用恶用，要巧用，这样我们才能变得更加人情练达。

⬡ 玩乐也值得赞赏

　　明明已经迎来了"鼓励休闲的时代"，但日本还残留着一些旧的习惯与思想。比如，自古以来人们常说的"劳动是美德，玩乐是罪恶"，因为这种价值观已经根深蒂固，所以日本人很轻视"玩乐"，不过，在每个人的心底，对玩乐还是很向往的，一些有钱有闲的人，会避开旁人，想方设法地休闲娱乐。也许这就是日本室内型娱乐很繁荣的原因吧。

　　随着时代的发展，人们的休闲时间越来越多，为了愉快地、有效地利用这些时间，我们应摒弃那种"劳动是美德，玩乐是罪恶"的思想，毕竟，时代不一样了。

⬡ 红衬衫

好像是在小学三四年级时的一个天长节①，学校里有庆典类的活动，母亲让我穿上了有花纹的土布和服，并系上了一条崭新的蓝色腰带。我当时美滋滋地上学去了，并不知道这条腰带是母亲的，同学们却看出了异样，大家一起起哄，嘲笑我说："哈哈，你系的竟然是女人的腰带！"我最终哭着跑回了家。

成人后我每次回想起这件往事，都觉得颜色就是颜色，不应当分成什么"男人的颜色，女人的颜色"。每个人都应该根据自己的个性装扮自己，而不是一味地追随潮流。我至今依然是这么想的，所以在穿着上也是比较随心所欲的，有时还会穿件红色衬衫呢，连这点勇气和决断力都没有的人，估计也难以设计出什么好产品吧。

① "天长节"之名来自中国唐朝时唐玄宗的生日，后来指天皇生日，是日本全国性的节假日。

◆ 改造石头

我们在经营企业的时候，最需要的东西既不是金钱也不是设备，而是弹性思维，或者说是创意。人之所以为人，是因为人有创意，越是优秀的人越能提出特别好的创意，所以我们从来不会期待一块硬邦邦的石头能够产生什么创意。如果你不幸发现自己的脑袋已经僵硬得像块石头了，那你就要尽快改变自己。

如果你真是一块硬邦邦的大石头，那首先要把自己粉碎了才行，不过还好，你是一个人，不必那么悲观，你只需要平时不断开阔视野，热爱学习，哪怕是别人的一句话你也要悟出点东西来，就可以了。当你做一件事情的时候，不要只拘泥于一种方法，尽可能地也去尝试尝试其他方法。

◈ 创造一个愉快的工作环境

在建设、配置工厂生产线的时候我发现，如果不在一些细节上多加考虑的话，工人就有可能变成"被机器和设备所操纵的奴隶"。我从仅拥有几十个员工的年代开始，就一直坚信"生产就是与时间的竞争"，我关注产量，但又不是仅仅追求生产量，与此同时，我认为最重要的是要创造一个愉快的工作环境，让那些年轻员工能够接纳、认可并安心工作。如果他们每天愁眉苦脸地干活，怎么可能生产出世界最高水准的产品呢？

当然，每位员工也要发扬主人翁精神，认真对待自己的工作，发现问题要积极思考，不断改善，直到自己满意为止。

🔷 成绩报告单上的图章

我小时候的成绩单，还是以"甲乙丙丁戊"来划分成绩等级的，要是得了"戊"，那就是彻底的不及格了。我虽然没有得"戊"，但好多门功课都是"丁"，这种成绩是万万没有勇气拿给家长看的，但是老师规定"家长必须要在上面盖章"①，我私下里翻遍了全家的抽屉，也没找到图章，最后走投无路了，只好从一段废弃的自行车轮胎上割了一块橡胶，刻上了"本田"二字，盖在了成绩单上。

把这事得意扬扬地吹嘘给小伙伴们听了之后，没想到他们都求我帮他们也刻一个，几个人中有姓佐竹的，还有姓铃木的，我经不住他们的纠缠，就帮他们都刻了，结果被老师发现了。

因为，他们那些名字，不像我的姓"本田"二字那么对称，所以就露馅了！

① 日本至今使用刻有姓氏的图章，而不用签名。

◈ 为他人考虑

　　最近，关于贸易摩擦，我思考了很多，结论是：如果都像我们公司一样，积极地开展本土生产，摩擦就会少很多；要是你光想着把自己的产品卖到人家国家，那么摩擦就会产生。就拿我们汽车产业来说吧，像美国这样的汽车大国，本来一直是世界上实力最强的汽车生产国，它怎么可能愿意承认自己"技术已经落后，被日本超过了"呢？它已经感到失落了，你还要拼命把产品卖给它，它当然会有一种"被占领、被侵略"的感觉！所以，我们去它那里投资办厂，与当地人一起生产，把关系处好了，企业能够盈利，比什么都好！我们去美国是为了企业的发展，可不是为了占领他们的国家。

　　经济是能够超越国界的，无论是什么国家的人，都可以开展合作。我们自己的实力越强，越是不能忘记要为他人考虑。

◈ 尊重个性

　　尊重个性与确立自我同样重要。过去，判断一幅画好不好的基准是"像不像"，但是最近听说孩子们都可以按自己的想象来画一个苹果了，这也说明我们的教育正在变得更加宽容、更加注重个性的发展了。不过，有些大人在欣赏作品时，还是只能按照固有的老眼光和过去的老经验，不愿意从那种没个性的看法中迈出一步。

　　但愿好不容易才出现的注重个性的教育，不要毁在这些不可救药的大人手上。

◈ 大众的眼光

那些只有井底蛙的眼界和只知埋头苦干的人，一般不可能拥有最新的创意与设计。既然你生产的是商品，是以广大顾客为对象的，那么你就要研究大家有什么样的消费欲望。

研究消费对象很重要。你若是去问一个都市白领"农村生活中的消费倾向"，那肯定是白费力气。当然，你若是突然向一个只拥有锄头镰刀的农夫询问"最新的流行动向"，也是不可能得到答案的。更别说那些无视消费者只知道纸上谈兵的研究了。

其实广大消费者都有着犀利的眼光和敏锐的感觉，他们能够清楚地分别出好坏，想欺骗他们是绝对行不通的。

07 / 光靠个人的力量无法成功

在这个世界上，光靠个人的力量是远远不够的，在公司内部也是如此，只有大家齐心协力才能完成一项工作。

やりたいことをやれ

◈ 独木难支

　　在这个世界上，光靠个人的力量是远远不够的，在公司内部也是如此，只有大家齐心协力才能完成一项工作。尤其是那些有难度的项目，仅仅依靠上司的支持是不够的，还需要与其他部门横向合作以及客户的大力协助。总而言之，完全不需要人际关系的工作是不存在的。

　　一般人喜欢称我为"成功者"，也许我算得上，但是我深知，光靠自己一个人是做不成什么大事的。在我的事业道路上，曾经得到过成千上万人的帮助，获得了相当于我自己几千倍、几万倍的能量，才走到了今天，没有他们，就根本不会有我今天的成功。

⬡ 时间像生命一样宝贵

一天只有24个小时，现代社会的一个重要课题就是：如何让人们获得更多的自由时间。发明更优质的家电产品、通过机械化提高生产效率和医学研究水平、飞机不断提速，都是为了这一个目的。服务不怎么样票价还贵的喷气式飞机越来越受欢迎，也是因为它的速度快。同样，任何一种发明，也都讲究一个速度，你比别人晚了一步，就称不上是什么发明了，世间这样的例子很多。

所以我们要珍惜每一分每一秒，要认识到"即使一秒钟也是巨大的财富"，现代社会就是讲究时间，时间就是金钱，时间就是生命。

请把礼物带走

　　我为人有个原则，那就是：不拿员工一针一线。我讨厌收礼。有些不了解我的部下，经常会给我带点礼物，比如威士忌酒什么的，每次我都毫不留情地说："请你把酒带回去，我是绝对不会收的！"

　　所以，在我们公司，员工不需要操心"该给上司送点什么礼物"这个问题。要是总被这个问题困扰，那么员工就会分不清，"我到底是在为公司工作，还是在为上司工作"。

　　而且一般提到送礼，都是收入少的人送给更富裕的人，这也太不合理了吧！就算要送，也应由社长送给员工才对啊。至少我是这么想的。

自立的一页

　　进入小学高年级之后，有一阵子我特别向往独立生活，倒不是因为父母对我管教过于严格，而是希望能够不受任何约束地、自由自在地过几天。

　　所以放暑假的时候，我在老家的天龙川支流——二俣河的河滩上，先是竖起几根柱子，然后用铁皮和枯萎的芦苇做了一个屋顶，再用草帘子围成一圈，一个简易的棚子就搭好了。白天待在里面还挺开心的，但到了晚上一个人待在里面就感到很害怕、很孤独，我开始焦虑不安，无比地想念家里的灯光与温暖，于是赶紧逃回了家。这是我人生中一次十分脆弱的自立体验。

关于历史

我对历史一直有着浓厚的兴趣，从20多岁时开始，就非常想了解过去的人有着什么样的技术，是如何生活的。

人类的历史，就是关于过去的记录。其实生活中有不少人像我一样，只一个劲地往前看，很少回顾过去，就算有时提到童年时代的往事，也不仅仅是为了回忆，而是想证明那是一段造就了我的现在、指引了我的未来的体验。如今我才深刻地认识到，无论是真实的还是被伪造的历史，无论是一时冲动还是偶然的事件，都是某个特定时代留给我们后人的宝贵信息。

◈ 做学问与做买卖

在一般人看来，做生意与做学问是风马牛不相及的两件事，这种看法也无可厚非。但是我认为，如果没有学问作为基础，那你的生意也不过是一种投机行为，谈不上是真正的经营。没什么大学问的我说这样的话，显得有点厚脸皮，但我当时的确是在连基础知识都没有的情况下，光是凭着满腔热情，就一头扎进了这个需要技术的世界，这的确一直是我的一块心病。所以在29岁时，为了生产出活塞环，我还坚持去当时的滨松高等工业学校旁听，可以说我是学得最认真的学生，因为我希望我所学到的所有知识都能立即活用在工作中。那个时候，与其说我是为了增加学问，不如说是为了工作而恶补基础知识。

◈ 比金钱更宝贵的是时间

　　我的父亲是一个非常珍惜时间的人，他在世时经常告诫我们："有人从祖先那里继承了很多土地与金钱，所以在财产上人与人之间的贫富差距很大，只有时间，上天对我们每一个人都是平等的，就看你如何合理利用它。只有把时间利用好的人，才是这世上的成功者。"我完全认同他的想法，所以我至今对于任何约定都很认真，从不迟到。

　　在有限的时间内要尽可能地实现自己的理想，这可以说是我们的人生目标，所以速度很重要。这么一想，更觉得这世上比金钱更宝贵的东西是时间。

◈ 如果总是老人在努力

　　日本社会能有当今的繁荣，的确是日本人努力的结果，但如果追溯其根本原因，还是因为当年日本战败了，麦克阿瑟总司令来了，解散了那些一直指挥着工业界的大财阀，然后才轮到我们这些小字辈企业施展才能。如果那些老人一直占据着原来的位置，估计日本也不可能发展成现在这样。

　　所以我担心如果日本一直像现在这样实行"老人政治"的话，会阻碍社会的发展，时间一长，整个国家甚至都可能迎来没落与衰败。

因为想玩才玩的

在男人的世界中，最重要的就是事业，但是女人不一样。所以我从不让太太干涉我的工作。对于我在外的应酬，包括一些吃喝玩乐的内容，我也一直对她说："别成天絮絮叨叨地管束我。"我不赞成男人为自己的行为找借口，找借口的人看上去更加卑鄙怯懦。那些成天在外面玩的人，其实他就是想玩。

年轻的时候，谁没有做过荒唐事？一个男人在外面玩得过火了，渐渐地他自己也会焦头烂额，钱会不够花，时间会不够用，在朋友面前也不得不撒谎，然后他就会被周围人批评，会陷入深深的烦恼……男人就是这样一步步变得成熟起来的。

◆ 精英意识的弊处

　　坦率地说，我觉得如今在所谓的上流社会中，不少人的精英意识过强了。真正的精英，不会摆出一副高高在上的姿态，而那些自以为是的家伙，其实根本算不上什么精英。

　　如果你的精英意识过强，无形之中就会为自己砌起一道围墙，离周围的人越来越远，一旦不得人心，那么你再有能力也不可能发挥得很好。这样下去，你所在的公司或组织，就会分裂为几个利益集团，大家为了各自的利益互相争斗、倾轧，就谈不上为了共同的目标与幸福奋斗了。这样的实例我已经见到过太多了，所以不可掉以轻心。

⬢ 对于个性的认可与灵活运用

　　我认为大到国家，小到一个机构，都应当对每个人的个性与特点正确评价并加以活用，因为在我看来，一个人对于一个机构来说，除了他的个性特征之外，并没有什么其他地方有必要予以特别了解。

　　如果我们能够真正地以人为本，尊重每一个人，承认每个人的个性特征，就不会产生什么残酷的派系斗争了吧。那些拉帮结派的人看不到每个人的特点，只看重学历、经历或出身等偶然条件，其实那种做法与现代社会的价值观是格格不入的。

　　所以，对于那种缺少平等与尊重的人际关系，我是非常鄙视的。

人情与现实

我下决心让弟弟离开公司的时候，嘴上是说"没关系，所有能想到的后果我心里都知道"，事实上呢，还是有一些没有考虑到的地方。那一阵，我一会儿觉得弟弟很可怜，很对不住弟弟；一会儿又想，没办法，我也是为了公司的发展。总之，心情难以平静下来。

人生就是这么纠结，有时候自己也想不通。但想不通也要干，哪怕不顾人情世故，甚至与自己的意愿背道而驰，但事后我觉得自己的选择是正确的。不是真正懂得人情的人，估计也不可能成为真正的合理主义者。我可能算是那种"克服了自身弱点、彻头彻尾的合理主义者"吧。

真正的自由人

每一位国民对于国家，既有权利又有义务。无论在什么时代，这种意识都应该是我们作为一个人的基本条件吧。

如果一个人被他人指责"连这么基本的常识都没有"，那真是最大的耻辱。

作为一个家庭成员，或是作为一个社会人，我希望能够按照自己的意愿自由行动，但自己的行为在无意中能为亲友及邻居带来幸福，为国家与社会的发展做贡献，那就更好了。我希望成为这样的自由人。无论何时何地，哪怕我的初衷是为自己奋斗，但只要我的行为顺应了时代的发展和社会的要求，最终为这个社会做出了贡献，就可以了。

⬡ 各有各的工作方法

当年我在工厂里不分白天黑夜地努力工作时，很多人形容我"喜欢在第一线指挥"，这个说法不正确，我可不是怀着什么悲壮感在"指挥"，我就是因为自己喜欢捣鼓机器，才愿意待在生产第一线的。

要说社长的工作范围，只要他判断公司在正常运营之中，其余的空暇时间，哪怕他愿意打高尔夫球，也无可厚非。我不过是因为自己喜欢捣鼓机器，所以才一直待在工厂里的。如果我之后的第二代、第三代社长也是像我一样搞技术出身，那他们就像我一样总是待在第一线也无妨。如果是那种职业经理人，他就像其他公司的社长那样，坐在办公室里盖盖章，也完全可以。即使是社长，也是各有各的工作方法嘛。

◆〉不排污主义

在我的事业生涯中，一直有一个理念，那就是："绝不能给他人添麻烦！"比如，公司在某市购入了大片土地，建设一个规模宏大的工厂时，为了不影响附近居民的生活，我们特意没有砌围墙，把工厂建得格外美观、明亮，就连路灯都比普通道路的亮很多，让外面的居民一目了然，便于他们监督。我们还十分重视减少公害，为了防止空气污染，我们装上了自己公司开发的脱硫净化装置，排水系统也是特制的循环设备。总之，多年来我们一直坚决贯彻"不排污主义"。

我们很多防止污染的对策，在法律法规还不完善的时代就已经有了。

⬡ 模糊空间的灵活运用

　　我看《八甲田山死之彷徨》^①这部电影时，深感这次事件完全是由于日本人特有的混乱的命令系统造成的，就是因为上级发出了模糊不清、模棱两可的命令，所以才造成了这么多人遇难。这种管理体制在日本至今依然很常见。"暧昧与模糊"，既有好处又有坏处，如果不能灵活地分开使用，会带来很糟糕的后果。

　　尤其是当你需要判断或者发出命令的时候，如果还是模棱两可的话，那可行不通。这一点西方人很好，会清清楚楚地说出"yes"或者"no"，权利与义务也一目了然。但日本人不行，所以今后我们有必要学会在命令时使用直截了当的语言。当然，与别人相处时模糊一点也无妨。

---

　　① 八甲田山是位于日本本州青森县的休眠火山群的总称。1902年1月，日本陆军部队在八甲田山进行耐寒训练的时候，第8师团有200多名官兵被卷入雪崩，其中199名死亡。这是日本军事历史上罕见的惨事之一。若干年后，日本著名影星高仓健主演了以此为故事原型的电影《八甲田山死之彷徨》。

◈ 能力最重要

在我看来，经营者如果一味信奉温情主义，那是行不通的，得把效率放在首位才行。

我担任社长的时候，经常对新入职的员工说："虽然你们从大学毕业了，但大学与我们公司并没有什么关系，有关系的只是产品的质与量。所以，如果你们准备长时间在我公司里干下去的话，把毕业证书烧了都没事，因为我不看重那个。当然，如果你觉得公司在我这种社长的管理下没有前途，那你就趁早带着你的毕业证书到其他公司去吧。"在美国，只要你有能力，即使你是个陌生人，也可以来当社长，甚至还有人到职业介绍所去找社长候选人呢。从这个角度来说，日本是落后了。

◈ 因为有趣才想干

工作中遇到不懂的问题，我往往会变得情绪低落。但当我费了好大的劲，终于弄明白，那一瞬间，喜悦的心情也是无可替代的，这一点，估计那些只想着赚钱的人很难理解吧。空闲时，我喜欢研究UFO或者鬼火，也是出于单纯的喜欢。

要说鬼火，其实就是磷化氢气体，我自己也能通过实验做出来，但是关于UFO我至今还没找到什么线索。在我的记忆中，战前没有人见过它，最近才成为一个热门话题。可能战前的环境与现在大不相同吧，比如战前没有像现在这样大量用电，也没有宇宙飞行方面的技术，我想UFO与这些因素有关。

◆ 所谓勇气

在我看来，不是你强大或者勇敢，就算是有勇气，而是在你明知结果对自己不利时，依然能够承认事实、采取你认为妥当的做法，这才能称之为有勇气。

每个人都有软弱的一面，有着各自的私欲和好恶，很多人做不到一直坚持一种见解。但我们在生活中依然需要追寻自己的理想，而且这理想应当是无论何时何地都能够得到众人认可的。这样的理想是产生勇气必不可少的源泉，也可以说，勇气是通过我们的理想和目标表现出来的。

往上游移动的石头

我家乡的天龙川，一下大雨就容易发洪水，人们发现，洪水过后，山上石头的位置会有所改变。一些既不大又不重的石头会从河流的上游被冲到下游，但有些特别巨大的石头遇到洪水，有时候会往上游移动一点点。也许是因为洪水冲击了石头的底部，虽然因为它们的重量，很难被冲走，但不断地往上游方向倾斜是完全可能的。有些相对比较平坦的很重的石头，甚至会掉进我事先挖好的大坑里呢。

某一天，还是小孩子的我，突然对大家说："这次的水真大啊，石头都被冲得往上游移动了不少呢。"大人们听了都很佩服。

⬢ 熟悉其功能，抓住美

　　我画画的时候，喜欢边画边思考。面对一朵花，我会想：它为什么会是这个颜色，这个形状？我发现大自然真是太神奇了，没有一样东西是多余的，每一个事物都有其功能，都恰到好处。比如说，花瓣和种子都很轻的花，茎就比较细；那些重的花，它们的茎则很粗。

　　所以我画画时喜欢照原样画，还喜欢一边仔细观察一边找出事物的理论根据，这对于技术出身的我来说是一件很愉快的事。我发现，只有了解了其结构与功能后，才能真正抓住它的美和它的个性特征。

◈ 有生必有死

我认为，既然每个人都会经历出生、死亡这个过程，所以活着的时候应多做自己想做的事，不必活得太精细，也无须太执着于各种欲望，就像陶渊明诗中所描述的那样："有生必有死。"

我想用这句诗来解释我现在的状况。"社长"这个职务也是有一定寿命的，虽说我现在不再担任社长了，但不等于说我的人生就了结了。我希望自己能健康地活着，今后能把更多的时间花在自己的兴趣爱好和公益活动上面。

◈ 关于人才培养

原来我想在其他国家也开办类似于本田学院的那种技术专门学校，但是外国人与日本人不一样，对于他们来说，"我是为了自己的利益才来干活的"这种想法已经根深蒂固，再怎么向他们说明"技术的基础是礼仪"，估计他们也不能理解吧。

但是你只要想想，万一我们的车出了事故，客人再也不买了，那我们的事业不是就失败了吗？所以我们还是要通过生产出高品质的产品，提供优良的服务，来获得顾客的信赖。说到底，我们的事业需要从"尊重客户"出发，因此要重视技术。这么解释的话，估计人人都能懂吧。话说到这里，已经不仅仅是关于技术的问题了，而是关于人才培养的话题了。

◈ 汽车是我的支柱

我之所以能够取得今天的成功，是因为从孩提时代起，我就对"汽车"有着无限憧憬，后来又几十年如一日地专心研究它。

年轻时我曾因为不成熟而犯过错误，也曾因为抵制不了诱惑差一点学坏，当时的状态可以说像是站在悬崖边上，再往前走一步就是万丈深渊了。

就在我举棋不定、左右摇摆的时候，是汽车，我的精神支柱，把我拉回了正轨，就像钟摆一样，无论向右还是向左，最终它都会回到中心点。

08 / 玩笑也是创意

真正好的玩笑，不是那种无聊的俏皮话，而是富含智慧与幽默感的言语。

やりたいことをやれ

◆〉创意的智慧的火花

　　真正好的玩笑，不是那种无聊的俏皮话，而是富含智慧与幽默感的言语。因此，它的主人需要有敏锐的观察力和宽广的知识面，还要洞察人情世故，才说得出来。

　　这一点，与创意对其主人的要求是一样的。一个人只有在生活中对很多细节都注意观察，不断地改进自己的想法，才可能产生优秀的创意。无论是玩笑还是创意，都需要有尖锐的批判精神和丰富的感受力，它们都是人类智慧的火花，一个能妙语连珠地说出很多有品位的玩笑的人，一定也是一个富有创意的人。

年轻时做的傻事

　　我年轻的时候玩心很重，也做过不少令人后悔的荒唐事。有一次，因为年轻气盛，甚至对艺伎动过粗。那是某年的5月，滨松举行一年一度的"风筝节"，我和朋友在料理店吃饭时，请了艺伎前来助兴。当时我们都喝得醉醺醺的，正好艺伎说了一句什么不中听的话，我们俩很生气，于是一边高叫着"这个讨厌的女人"，一边把她从二楼的窗口扔了下去。那一瞬间，眼前竟然出现了很多火花！原来，她掉下去时击中了电线，然后短路停电了，四周漆黑一片。这时我们俩吓得酒都醒了，连忙跑下楼去救她。

◈ 观察料理店

　　我很喜欢一个人去一些从没有去过的小饭馆喝两杯，因为这时我可以仔细观察那些小店。比起美味的料理，我更爱观察店里的装潢是什么样子的，服务如何，服务员有没有受过训练等细节，我喜欢这种有人间烟火气息的生活。

　　只要看看店里的服务态度，我就能够预测一个店的生意是否会做得长久，未来它是亏损还是繁荣，只要看服务员是如何上茶、如何与客人打招呼的，我就能判断个八九不离十。有时甚至一个烟灰缸的摆放方法，都能让我感受到店家的善意。在这个过程中不断有新的发现和惊喜，是件很愉快的事。大家都说我是个探索心很强的人。

◈ 所谓实践

在我看来，实践往往是一个人活法的体现。只要他在生活中不断地积累经验，收获智慧，他的人生就一定会越来越充实，也会充满创造性，并因此变得丰富多彩。如果想让我们的教育以实践为基础的话，那么前提是父母要有充实的体验和创造性。光知道模仿的教育模式和生活方式，无法解决现代日本社会的很多问题。

那我们应该怎么做呢？这一点最重要。我认为只有每个人都拿出勇气来，改变自己的观念，有自己的想法才行。总之，我想强调的是：实践拥有巨大的力量。

⬡ 今后的领导者

很早以前，因为教育还不像现在这么普及，社会上的确存在着精英阶层，他们也确实发挥了不少作用。但是在当今社会，教育如此普及，平等意识也深入人心，在这种情况下，仍然强调自己是多么特殊，多么与众不同，还要周围的人也承认这一点，就显得很可笑了。

世上根本就没有什么特殊的人，赤身裸体的时候，每个人都是一样的。

今后的指导者，哪怕你是一家大企业的经营者，首先也得把自己和周围的人放在一个平等的位置上，如果你不把自己看作集体中的普通一员，就不会得到大家的扶持和帮衬，那么你的能力也不可能充分地发挥出来。

◈ 依靠外力

　　人活着，因为要吃饭，对金钱和名声就会有欲望。话虽这么说，但年轻时我做事喜欢依靠外力，也就是依靠周围人的力量，每次我老老实实地说出自己需要帮助时，周围人都夸我"实在""诚实"，可能这就是年轻的魅力吧，可以不加掩饰地说出自己的愿望。

　　但等到我现在的年纪，再这么做就不行了。如果一个人一直很努力地工作，随着年龄的增长，他的经验会越来越丰富，这时再指望依靠外力就行不通了，得靠自身的力量才行。有些人吹嘘"一直都是靠自己奋斗"，我不太相信，其实年轻时能够借助周围人的力量是件好事，这样他自己也能成长得更快一点。

◈ 不要做应声虫

对那些即将进入公司、成为新员工的年轻人，我有一句箴言想告诉你们："千万不要做应声虫！"

有的人对于上面的各种指令只知道服从，这可不行。即使是上司的命令，也希望你们能够思考一下其是否正确。不要想着向周围人献媚，当然，周围人都不认可、会责备你的事更不可以做。即使是上司说的话，该反对时也应反对，没有这种氛围的话，一个公司就不可能取得进步。

经营者也要注意，如果你周围全是一群应声虫，你每天得意地对他们发号施令，这看上去很威风，其实你的公司已经很危险了。未来是属于年轻人的，年轻人如果不行，那么国家的前途也岌岌可危。

◈ 行动才是全部人格的体现

在我看来，能百分之百表达出一个人意志的，是行动，而不是语言或者文字。因为语言和文字可以造假，对自己不利的部分可以随意地篡改甚至删除，但是行动不会。一个人格健全的人，他是有自信的，相信自己的行动是全部人格的体现，能够为自己的行动负责。所以，行动是最重要的，我信赖行动。只有那些伴随着行动的语言，才是最有表现力的，否则不过是吹嘘而已。

🔶 事业的根本

无论在什么时代都不容忽视的，是普通老百姓的智慧和他们的生活需求，尤其是在现代。如果忽视了这一点，政治和学问的世界就都不成立，更不要说企业了。

拿企业举例来说，一般人认为，只要生产出物美价廉的商品，就肯定能够供不应求，企业也会发展得很红火，其实不尽然。为什么这么说呢？假设你生产的是石臼，哪么它能把谷物磨得再细，价格再便宜，也不会有多大市场，因为它不符合现代人的生活需求。

简而言之，你生产的产品一定要符合这个时代人们的要求，同时还要兼具美的要素。所以，我们做事业的根本是：首先要了解广大顾客的需求。

◈ 人都是以自我为中心的

　　我经常在想，人都是以自我为中心的。开车从银座经过，遇到那些不守交通规则乱穿马路的行人时，我就会在心里生气地骂他们"混蛋"，但当我把车停在车库后步行时，若遇到一辆汽车飞速地从身边驶过，我又会很恼火地想："在这种地方开这么快干什么啊！"摩托车也一样，遇到那些发出噪音横冲直撞的暴走族，我会很生气，但从他们的角度来看，也许他们还认为那些一个人开一辆大汽车的人对资源和环境不利呢。要是大家都骑摩托车，不是就没有交通堵塞了吗？人就是这么以自我为中心！要是你会开飞机，估计每天都想着要开飞机去上班呢，那多快多方便呀。

儿时的温馨一刻

我是祖父带大的，所以至今还记得他那温暖的怀抱，回忆起来感觉很亲切。滨松北部的三方原高地在日本的战国时代，是武田信玄率甲州军与织田信长和德川家康的联合军英勇奋战过的地方，所以很有名，一直到明治时代老百姓都还对这段历史念念不忘。我也不例外，童年时在黑漆漆的夜晚，无数次听祖父讲过相关的故事，不由得对那些青史留名的英雄豪杰产生了无限钦佩之情。我至今怀念在那些精彩故事中逐渐进入梦乡的温馨时刻。很多历史故事现在都被写进了书籍或改编成了电视剧，这是一件大好事，希望有更多的小朋友能够接触到这些鼓舞人心的故事。

◆ 错误的唯心主义

战争期间，前来我们工厂视察的军官下指令说，让我们所有男性员工必须裹上绑腿。我反对他说，从操作工的角度来说，裹上绑腿很危险，不能裹，但是他很强硬地说："这是命令！"还说："只要你们拥有大和魂，就根本不会害怕金属火花溅到身上！"战争把这些狂人变成了彻底的唯心主义者，我当时真是"秀才遇到兵，有理说不清"。

所以我至今仍经常提醒自己，在自己的公司和组织里，有没有这样强行下达过命令呢？

⬡〉他们眼中的汽车

经常有老年人责怪我们说，为什么要举办那种吵死人的摩托车比赛？的确，只要不出故障，普通的摩托车就可以满足一般顾客的要求，他们并不想去购买那种在摩托车比赛中获得冠军的产品。

但是，年轻人或者那些对速度特别感兴趣的人可不这么看，他们做梦也想开一次那种在汽车大赛中夺冠的车，他们会说："本田的汽车因为技术领先，所以才获得了优胜！我开着这样的车，是多么值得骄傲！"对于他们来说，购买我们的车，是一种充满自豪感的体现。

那些本来没什么需求的普通顾客，渐渐地眼光也变高了。

◆〉正面迎战

现在已经没有这样的事了，但是当年，在公司日益壮大的时候，曾经遇到过各种困难与阻力，每次我都是正面迎战，从未有过退缩，所以我们的企业才能够幸存下来。我是很有自信的，要说我的自信何在，那是因为我本身就是做汽车出身的，对汽车和摩托车的技术都很精通，我们在摩托车领域的发展，与我的预期完全吻合，这使我信心倍增，相信我们也能把汽车产业做大做强。所以当年通产省颁布什么《特定产业振兴临时措施法》的时候，我是如此火冒三丈！出生以来从没发过那么大的火。

如何画一棵松树

刚开始学画的时候，有一天，我准备画一棵松树，但是，等我铺开纸笔想要开始画的时候，却发现自己根本动不了笔，因为，我对松树完全没有概念，它的根部是什么样子的，枝叶是什么样子的，树皮摸上去是什么感觉，我都不知道，所以画不出来。

于是，我连忙跑到院子里的松树旁，仔细地观察起来，从根部到枝叶，都看得很认真，还不停地自言自语："哦，原来长成这样啊。"我一边点头，一边开始素描，终于画出了一棵惟妙惟肖的松树。

◈〉唯一的学习方法

我从小就不爱学习，一回到家就喜欢捣鼓机器类的东西，自然成绩很糟糕，所以我在干事业的道路上，也是一个失败连着一个失败。

但是因为我选择了自己爱干的事情，所以从来没有觉得苦过，在创业的过程中曾经有过很多血泪史，但是为了实现自己的目标，无论多么困难，我都咬牙挺了过来。在工作中不断总结、学习，这就是我唯一的学习方法。因为上学的时候不用功，所以连基础知识都很缺乏，只有在实践中不断学习，好像这更符合我的本性。

⬡ 看电视也可以学到东西

有一次参加某电视台的访谈节目，主持人问我："现在电视节目很流行，孩子们变得不爱学习了，常因为过多地看电视受到家长训斥，社长您怎么看这个问题？"我回答说："孩子们并不是只有在学校才能受到教育。通过看电视可以了解到很多社会信息和各种人的想法，也是一种学习啊。请不要把学习的范围想得那么狭窄。"

其实每个孩子的能力与个性在生活中都会有非常生动的体现，我们大人要善于观察和发现，然后指引他们向更符合其特性的方向发展。看电视也好，玩耍也好，都是学习的一种方式。

◆ 成功的秘诀

我这个人运气不错，在自己的领域干成了一番事业，但因为我既不信佛也不信神，所以不太会认为自己的成功都是"托神的保佑"，当然，也不会认为"我的成功全靠自己个人的努力"，毕竟只是我们公司旗下就有四万多员工在拼命工作，要是再算上关联企业的员工，那人数更不得了。我之所以能够取得今天的成绩，是所有人共同努力的结果。

如果我是某个宗教的信徒，把所有的成功都归于"神的保佑"，那就太对不起那么多辛辛苦苦支持我到如今的员工了。所有人的付出和努力，才是我成功的秘诀。

◈ 逛歌舞伎町的感受

在同龄的大叔里面，我算是个爱玩的人，年轻时还经常叫艺伎陪酒作乐，做过不少荒唐事。但即使是这样的我，某天来到歌舞伎町的时候，也感到晕头转向，不知干什么才好。首先，我都不知道这里有什么项目可玩。其次，我发现年轻人很厉害，他们是在把握了全局之后，选择出自己想玩的项目，不会把钱花在冤枉的地方。

我忽然想到，要是老人一直舍不得离开经营的第一线，不就和在歌舞伎町晕头转向的我一样吗？一不留神，说不定就悲惨得连全身衣服都输光了！

◆ 可笑的腌菜坛子

　　来到东京之后，我一共搬过几十次家，有时候晚上突然要回到一个新搬的家，因为我只在白天见过家周围的样子，所以迷路了，找遍了整条街道，也找不到自己的家。

　　就在那时，我忽然想起，妻子好像在家门口摆了一个腌菜坛子，于是我把整条街又走了一遍，在每家门口都看看有没有腌菜坛子，总算找到了一个有坛子的人家。于是我上前敲门问道："请问是本田先生的家吗？"话音刚落，太太就走了出来，把我数落了一通。要是没有这个腌菜坛子，估计到天亮我也找不到自己的家。幸好我从多年的经验中，养成了注意细节的习惯。

◈ 从基础做起

我们曾推出一款本田1300型自动挡汽车，一共涉及45000项专利，当时我们也可以向丰田等其他公司购买，这样更快更省事，但是我们没有，全都靠自己埋头苦干，最后硬是做了出来。

专利一旦被申请，就是过去时了。它又不是神仙造出来的，我们只要想努力研究，大家共同研究、琢磨，最后都成功了。没有几个公司能像我们这么刻苦的，因为我一直认为，从基础做起很重要。

◈〉消逝的父权

最近，父亲在家庭中越来越没有权威，这成为一个深刻的社会问题。过去，父亲很受孩子们尊敬，因为他们可以从父亲那里得到很多知识，包括生存方法。父亲带给孩子们的永远是新鲜的、令人惊奇的外部信息，在孩子眼中，父亲代表了外面五光十色的世界，所以形象很高大。可是现在，由于广播电视的普及，孩子们拥有的信息量远远超过了父母。

不过我们需要注意的是，孩子们获得的信息，只是表面的，不真实。

◈ 幸福的瞬间

刚开始生产摩托车的时候，为了使产品走向世界，我曾经去英国现场观摩摩托车大赛。看到外国的摩托车比我们的马力大三倍，我心中充满了无法言状的挫折感。于是，我购买了大量外国产的优质零部件，以至回国时的装扮简直就像个赛车手。回到日本后，我设立了研究所，从头开始研究人家的技术到底好在哪里。

在废寝忘食的努力下，终于把机械做到了最高水准，于是我们再次走出国门参加世界级的比赛，结果三个项目都获得了冠军。对我来说，那个瞬间是如此充实而幸福。

⬡ 需求是发明之母

战争刚结束的时候，几乎所有的公司都拥有不少土地，那时的土地也不值钱，基本上都是每坪①几十钱。而且为了打仗，大家的原材料也备得很足。但是像索尼呀，还有我们公司，都是战后一两年才白手起家的。

白手起家不容易，最初我们除了创意，什么都没有。我去参观外国工厂时，看到地上掉着十字形的小螺丝，都很羡慕，还曾悄悄地捡起来带走。后来我们自己的工厂也能生产螺丝，能自己组装零部件了，生产效率一下子提高了很多。

总之，需求是发明之母。要想生产出新产品，养活那么多员工，必须埋头钻研才行。

① 坪为日本度量衡的面积单位，用于丈量房屋和宅地面积。1坪约等于3.306平方米。

09 / **追求生命的喜悦**

我这一辈子，可以说一直在追求生命的喜悦。为此，即使吃尽苦头，付出再大的努力也不怕。

やりたいことをやれ

◈ 追求生之喜悦

我这一辈子，可以说一直在追求生命的喜悦。为此，即使吃尽苦头，付出再大的努力也不怕。

但我并不是说，怎么高兴怎么来，不是的。有些事，如果违反了社会公德或超越了人类的道德底线，自己再开心，也不可以做，就算是付出了努力，也没有意义。就好比那些罪犯，他们在实现犯罪计划的时候也是喜悦的，但这种喜悦又有多少意义呢？我们历尽千辛万苦追求自身的喜悦，绝不可"以牺牲他人利益为前提"，这喜悦应当是正义并且能与他人分享的。我们追求自身喜悦的同时，应能为他人奉献、为他人也带来幸福才行。

⬡ 买下所有拉面

　　我有个不好的习惯，就是喜欢躺在床上思考汽车的设计问题，一有创意浮现，哪怕是严冬的深夜，也会叫太太立刻帮我把纸和笔拿来。

　　一个冬天的夜晚，我正在卧室里全神贯注地思考着，忽然巷子里来了一个卖拉面的小贩，扩音器里不断传出的叫卖声打断了我的思维，让我坐立不安。

　　于是我让太太去把小贩车上所有的拉面全部买下来，小巷终于恢复了宁静，我又能专心致志地思考了。

⬡ 萝卜青菜，各有所爱

人与人的喜好各不相同，所以说"萝卜青菜各有所爱"，要想让所有人都满意是不可能的，我们生产商品时的这种感受，在处理人际关系时也同样存在。

比如说，顾客购买汽车时，都是根据自己喜欢的外形、颜色、品牌等进行挑选。但一提到性能，也就是汽车的动力，就不能谈什么喜好了，最终决定性能的还是马力。

在人际关系方面也同样如此。如果你只是一味地迎合别人，最终会失去自己的个性。如果你不断提升自己的能力，那么别人也不会仅凭喜好来与你相处。等到你足够强大之后，喜好就没有发言权了。

◈ 在会话中提到对方的名字

以国际标准要求的话，日本人经常会被批评"没礼
貌"，其实只是因为各国的礼仪标准不同而已。西方强调的
礼仪，有时并不是像日本那样注重形式上的繁文缛节，你只
需要把自己作为人的情感自然地流露出来就可以了。

比如说，在欧美，最基本的礼仪中有一条，那就是：要
记住对方的名字，在会话中也应不断提到，以此来确认"我
与你的关系"。但日本人做不到这一点，所以很容易被对方
认为"是个无礼的家伙"。看上去这是一件小事，但日本人
为此损失了很多。

◈ 绝不可以蒙混过关

一个人要想找理由的话，无论多么没道理的事，也能说得冠冕堂皇，好像无比正当似的。如果这个人再精通高科技的话，他甚至可以把自己包装成一个权威，这么一来，那些不掌握话语权的人简直都不敢发话了。所以对于别人的语言或者文字，我一般是不会轻易相信的。

在科学技术的领域，是绝不可以蒙混过关的，如果你的理论有错误，或者宣称技术上有了巨大突破，实验立即会告诉大家真正的结果到底是什么。哪怕是缺少了一个小零件，机器都绝对不会运转。正因为我的生存环境是如此严酷，所以我对那些很会讲或者写花言巧语的生意人，很难做到百分之百的信任。

◈ 课长是最重要的职位

我经常说，要想认清一个人，课长是最合适也是最重要的职位。等他的职务再升迁上去，你就不可能一直盯着他了。

那种想要很多手下的课长，都比较差劲。有能力的课长哪怕没几个部下，甚至把他这个课室都撤掉，他也能很好地开展工作。越是无能的人，越想要更多部下。

其实管人是最难的。机器只要安装好了，自然会运转，即使坏了修理一下也不难，可是人不一样，有上下左右的关系，需要你仔细观察、评价，否则管理不好。

◆ 我的技术改造法

很多搞技术的人都很重视理论，我也算是搞技术出身的，虽然看重理论，但更重视实践。在我刚开始打高尔夫球的时候，就把球棒按照自己的喜好进行了一番改造。

比如说，因为高尔夫球打出去的力度大小，与球杆头部的重量是成比例的，于是，为了让力度小一些，我就用刀把球棒头部削掉了一些。还有一次，我发现别人很容易打出的旋转球，最后也稳稳地停住了，可是我的球却旋转不起来，于是我又把球棒头部的沟槽削得深一点，这下球就能旋转起来了。当然，要是专业运动员的话，这些行为都是被禁止的。

◈ 唯一的职业

能作为事业的工作，每个人一辈子也只有一个选择。在我看来，教育的一大功能，就是使学生能够发现自己喜欢的领域，找到未来想从事的职业的方向。

小时候父母没怎么逼我拼命学习，这对我来说，倒是一件好事。我小学毕业时，他们曾经问过我："想上中学吗？"我回答说："不，不想上。高小毕业后，就想去学修汽车。"他们也就同意了。如果是现在，他们肯定会说："不管怎样都要读完高中。"要是那样的话，我18岁之前的岁月，肯定是闷闷不乐地在学校里受煎熬呢吧。

◈ 人类积累至今的智慧

有句谚语说得好："有发现，但没发明。"有些发明看上去充满了独创性，但其背后也积累了人类社会几千年的时间与智慧。炮弹和火箭的尾翼，与古人拉弓射出去的箭的尾翼很相似，所以说有些貌似非常尖端的科技，其实我们的祖先也早就有所发现。还有，人类自古以来就有一个梦想——希望像鸟儿那样在空中自由飞翔，于是有了飞机，飞机的翅膀与可收缩的机翼等，都是人们观察了鸟儿的身体构造之后才发明出来的吧。这么一想，我们如今的新技术中到处充满了先人的智慧，所以都不好意思夸口说"这是我的发明"了。

🔶 出去玩是为了更多地吸引异性

我喝酒时喜欢讲究心情和气氛，并不是多么爱喝，只有在高兴的时候，或者有烦心事的时候才想喝。那种一喝多就发酒疯的人，我是很鄙视的。还有那种明明请了艺伎来唱歌跳舞助兴，却根本不知道欣赏人家表演的粗俗之人，我也会敬而远之。

我相信，大多数男人出去玩，其实是为了更多地吸引异性。就算去那种挂着门帘的小店，嚼着小鱼干，站着喝两杯，也是为了与老板娘聊几句吧。

很多男人喝完酒之后会心满意足地想："今晚我也很受异性欢迎嘛，好开心啊。"于是第二天工作起来干劲也更大了。

◈ 人生就像一场赌博

我把整个人生都作为赌注，下到我唯一的事业中去了。是的，对于我来说，没有比这更大的赌博了，平时与朋友之间的那些只能算作"小赌"吧。

与我各方面都志同道合的合作伙伴藤泽武夫君，在这一点上与我一模一样。第一次见面时我就问过他："你爱赌吗？"他回答我说："人生就是一场赌博。什么纸牌啦、掷骰子啦，都太小了。"这与我的想法如出一辙。所以我们对事业都抱着同样的希望与梦想，但在生活中我们又不是爱赌博的人，否则不可能取得成功。

◈ 年轻的特权

我经常对年轻的员工说："如果公司里那些只会因循守旧的前辈夸你是好员工，你千万别觉得高兴，因为那说明，你这辈子也很难超越他们了！那种只会察言观色、跟在上司后面点头哈腰的人，在日新月异的现代社会已经吃不开了。希望你们别害怕上司的责怪，拿出年轻人应有的勇气，不断积累各种经验，开阔视野。即使犯了错，只要你认为自己的行动是正义的，对将来有益，周围人也会因为你年轻而原谅你。这是年轻人的特权，千万不要浪费了！"

无论工作，还是人生，都需要把握好你的"年轻"！

🛑 地藏菩萨的鼻子

小时候，我是个十分顽皮的孩子，在无数淘气的回忆中，有一件事特别难忘。当时我家隔壁住了一户石匠，他正在雕一个小地藏菩萨，可是我却很不喜欢那地藏菩萨的鼻子，每次路过的时候，心里都痒痒的，恨不得能把它的脸重新雕刻一下。

机会终于来了。有一天中午，我看到那个石匠大叔外出了，于是我连忙带着铁锤和凿子，跑去捣鼓起那座雕像来。但一不小心却把它的鼻子弄掉了一块，这下我吓坏了，赶紧溜走。但大叔回来后还是很快就发现了，把我臭骂了一顿。

◈ 濒死的记忆

我并不是很怕死。曾经好几次，我都闻到了死亡的气息，但又从鬼门关回来了，所以我不认为死有多么可怕。

年轻时参加汽车大赛，快到终点时与别的车相撞，当时以为自己就要与这个世界告别了。孩提时代，在竖了很多木桩的河边与小伙伴们捉迷藏，结果一脚踩空了，木桩掉进了沟里，自己也跌了个半死。后来在学校里打棒球，前面的同学一挥球棒，正好打在我胸口，我当时就失去了意识，昏倒在地。要是那时一直没醒过来的话，也就去了天国。

死这件事，看上去挺简单的。

◆ 大脑的构造

如果只会死记硬背，那人脑的功能比不过电脑。但有些人就是靠死记硬背而混得一个好成绩，这个结果令人很难接受。

我发现有不少人在学校时成绩很好，但工作起来却不得要领，这个现象令人不解，于是我去问了医生。医生告诉我说，从构造来看，大脑负责思考，小脑负责运动神经，负责记忆的部分就好比是电脑，大概也就是拇指大小。也就是说，这拇指大小的地方是否成熟，决定着一个人成绩的好坏，甚至左右着一个人的一生，这也太玄乎了。

◈ 观察他人的好机会

对于我来说，去那些声色场所，也是了解社会、观察他人的一个绝好的机会。

艺伎们虽然嘴上不说，其实她们对每位客人的人品，心中自有评价。在她们面前摆架子、耍威风的男人最差劲了。还有那种因为是别人埋单，就逮着酒猛喝，还想占艺伎便宜的人，也是糟糕透顶的。你真有那个心，就得准备花自己的钱。花自己的钱，艺伎对你也会刮目相看，你不就是想吸引她们的注意吗？

不过，我也得承认，去那些声色场所，嘴上说是为了修身养性，或是为了应酬客户，其实都是假的，是事后为自己找的理由。真正的理由只有一个，那就是你自己想去。

在赛车领域获胜

赛车场对于汽车企业来说，其实就是竞技的战场。每一款汽车的优点和缺点在比赛的时候都会暴露在众人面前，到时候，媒体也会大写特写"正因为是最有实力的产品，所以才会获得冠军，将来也一定会占领全世界的汽车市场"，等等，所以必须获胜。

无论是汽车还是摩托车，你要是想挑战世界市场，光是宣传"我们的车好"，是没有用的。如果不在国际车赛中获胜的话，你的产品是不会获得认可的。

总之，参加汽车或摩托车比赛，是促进技术改善和扩大宣传的最好途径。

◆ 做任何事都要认真

一生中，我曾经闯过了一个又一个的危机，在这个过程里积累了无穷的力量。被危机追赶着的时候，人是最严肃认真的。有人说，没见过比我更会对员工发火的人了，我只好解释说："因为当时我太认真了。"正因为我无论什么时候都很认真，所以才能百折不挠，百战百胜吧。

我也不太喜欢去想，现在自己正在干的事，到底算是大事还是小事。区分事业的大小没什么意义。在人生旅途中，有时候一项不起眼的工作，也能发展成大事业，所以我对任何事情都很认真。

⬡ 排除阶层意识

我对于那种"人为地把人分成蓝领和白领"的做法很不以为然，而且很多人还很看重这种区分。同样都是人类，为什么要这样区分开来呢？我认为这毫无意义。

欧洲的阶层意识就很强，而且很多国家目前也不准备实施改革。好在日本的阶层意识没有那么强，特别是在战后，所谓的阶级已经被打破，对于日本人来说，这是一件幸事。今后，经营者们在经营企业的时候，也应该放下身份，把自己融入员工中间去，打破什么蓝领与白领之间的界限才行。

◆▶与发动机的邂逅

每个人都有自己的希望与梦想，特别是在年轻的时候，会这也想干，那也想试试，各种欲望不停地涌现。

我的梦想比一般人还要多。我最初对机器感兴趣，在四五岁的时候，我家附近有一个碾米房，使用的是热球式发动机，从早到晚发出"咚、咚、咚"的声音，有时我看到碾米房的大叔在调节发动机，就特别羡慕，好想自己也上前去捣鼓一番。都说孩子喜欢模仿大人的行为，也许我人生中第一次对发动机产生兴趣，就是从那个时候吧。

◈ 缺少幽默的人生是枯燥无味的

以前，日本人在生活中习惯于对那些富有智慧和幽默感的玩笑拒之千里，取而代之的是以沉默的态度和严格死板的姿势，将想表现的情感都压抑在心底。

人毕竟与机器不一样，不可能一直持续高速运转，在这个过程中，人会疲劳，会厌倦，这样一来，效率就会变得低下。因此人需要休息，也需要经常换换心情，透透气，开玩笑就能起到这个作用，在你放松大笑的那一瞬间，它已经为你单调枯燥的生活增添了一个亮点，也提醒你该调整一下心情了。有了玩笑，人们就会忘记紧张，忘记疲劳，心情也会变好，所以说人生保持愉快很重要。如果我们不学会经常开一些高雅的玩笑，那么阴郁的微笑就不会从我们的脸上消失吧。

关于陀螺的比喻

　　我是搞技术出身的，我的一生可以说按照自己的喜好，活出了自己的个性，有时候甚至是偏离了一般性常识的。我能够有今天的成功，首先要归功于藤泽武夫君，他是我的左右手，在很多我不擅长的领域发挥了巨大的作用；其次我要感谢那些一直信赖我、支持我的员工。假如把我们的企业比作一个陀螺的话，我与藤泽君就像是中间的那根轮轴，全体员工有机结合成一个陀螺的形状，并不断旋转。当然，能让它顺利旋转，是因为有藤泽君负责所有的经营业务，在看不见的地方进行了有效控制。现在不需要我和藤泽君的力量了，已经有了新的轮轴和新的智囊团，有了他们，陀螺还在继续旋转。

⬡ 冒险精神

日本人对于那些自己不能理解的事物，很容易持否定态度，无论一件事看上去理论依据多么充足，多么符合自然原理，他们都会一笑了之，说"不行"，"太冒险了"。

在那些老派的经营者看来，我的那些开拓性行为，也是一种冒险，但我都是有理论基础的，理论上行不通的事，我是不会干的。要想说服别人，首先要说服自己才行，在我看来，有时候顾客的需求并不是一开始就有的，而是在我们生产商的创意和不断进步的生产技术的结合中，才被激发出来的。总之，在没有开拓精神的人看来，没有比这更危险的事了吧。

◈ 不要惧怕失败

日本人对于失败，有一种过于害怕的倾向。刚想干点什么，却先会担心"失败了怎么办"，大家都认为，比起失败来，还是什么都不干更加保险。更别提冷静地区分，到底是完全损耗型失败，还是可称作"成功之母"的失败了。面对失败者，周围的人还会冷嘲热讽，说什么"真是个傻瓜""谁让他出风头的"，所以说，日本人已经陷入了一种消极主义，缺乏闯劲，这一点也不奇怪。

但这样下去是不行的，必须从思维中打消那种"前怕狼后怕虎"的思想，那种因为担心失败而什么都不干的人是最差劲的。

10 / 发明类似于恋爱

昭和二十七年（1952年），因为工作中的多项发明，我获得了蓝色奖章。

やりたいことをやれ

⬡ 发明与恋爱

昭和二十七年（1952年），因为工作中的多项发明，我获得了蓝色奖章①。

颁奖仪式上，高松宫殿下与我寒暄道："发明要动很多脑筋，很辛苦吧。"我回答说："发明与恋爱差不多，要说苦也苦，要说乐吧，没有比这更令人快乐的事了。"高松宫殿下听了我这番冒冒失失的回答，表情很微妙。

回到家把这事告诉了太太，结果她很认真地追问："你到底在什么地方吃过苦头？"（指恋爱方面），结果我费了半天劲也没能澄清自己，真是自讨苦吃啊。

① 在日本蓝色奖章是一项极高的荣誉，用来颁发给在公共福利和科教等领域做出杰出贡献的人。

◆ 公私分明

我们公司的正式名称是"本田技研工业株式会社",因为用了本田这个名字,容易被人想象成一家个体企业,这一点不太好,还是像索尼的井深先生那样,为公司取个英文名字比较明智。

如果有第二次选择,我就不会再让公司名称里有自己的姓"本田"了,因为我最推崇的就是公私分明。

就连太太有事到公司来找我的时候,都是认认真真填写会客单之后才进来的。

公司的名称现在已经很难更改了,先这么用着吧。

⬡ 设计的根本

一次，为了在设计车型时有更多的灵感，我花10天时间，仔仔细细地将奈良与京都转了个遍，那些寺庙与神社的优美造型，的确为我带来了强烈的美的震撼。

但是如果把那些古代的美生搬硬套进现代的设计，又会给人以落伍的感觉。所谓的现代性，需要从古代的文化遗产中抽出最精华的部分，再进行现代设计才行。比如说，我发现佛像从眉毛到鼻子的那条曲线非常优美，于是我在设计"梦幻号小坦克"①这款产品的边缘部分时，就一边在脑子里回想佛像的眉部曲线，一边进行设计。在（摩托车的）膝盖抵着的那部分，我还特意画得很模糊，想表达出那种柔软的感觉。

① "梦幻号小坦克"是本田公司推出的一款三轮摩托车。

◆ 不给他人添麻烦

我打高尔夫球的时候，很喜欢开玩笑，反正是出来放松的嘛，只要遵守了高尔夫的基本礼仪，其他的就怎么愉快怎么来。有时候被树林挡住了去路，我就会大声喊："那位小球童！上次我放在你那儿的锯子呢？赶紧拿来，把这棵挡路的树给锯掉！"

这种傻乎乎的玩笑话常逗得大家都很开心，球场上也充满了欢乐祥和的气氛。人们都说高尔夫对礼仪礼节要求很高，我认为比起那些繁文缛节，最需要遵守的是"不给他人添麻烦"这条社会原则。当然，在经营的世界中，这也同样重要。

⬡ 通往世界第一之路

回想起来，一直激励着我勇往直前的是一个信念，那就是相信今天比昨天好，明天又会比今天更好。每一天我都在发现问题，解决问题，然后有更多的未知领域，出现在我的眼前。

曾经我们有一个目标，就是做世界第一的摩托车，离这个目标越近，面临的问题越多，也充满一种"不断发现未知领域的狂喜"。那时的我，激动，兴奋，甚至废寝忘食。即使是对那样一个疯疯癫癫的我，大家也给予了绝大的支持，所以我的很多创意才能得以实现，终于，在著名的英国曼岛摩托车大赛上，本田的摩托车获得了世界第一的冠军称号！

◈ 老年人对世界更无知

　　虽然我自认为自己还很年轻，一会儿开飞机，一会儿骑摩托车，经常因为穿着颜色鲜艳的衣服而沾沾自喜，不过毕竟我也是快80岁的老爷爷了。我不愿意像其他高龄经营者那样，总是以为自己很年轻，自以为有无数宝贵经验可以传授……我认为我们还是应该对自己的年龄有自知之明，然后尽早地从第一线撤下来。因为在过去，人们常说年轻人对社会很无知，而如今的社会日新月异，对世界更无知的是老年人，不知不觉中，我们已经跟不上时代了。

◈ 全神贯注时最快乐

　　我喜欢遇到难题时认真思考，直到完全领会，找到解决方案为止。对于绘画这个爱好，也同样如此。

　　有时候不知怎么画效果更好，这时我就会反复推敲、钻研，直到找到最佳答案为止，对于工作我也是同样的态度，经常太太叫我吃饭，喊了很多遍我都没听见，因为我正沉浸在自己的世界中呢。

　　遇见难题时不放弃，埋头钻研，思考解决方法，这时我的头脑中已容不下其他东西了，这种全神贯注的时刻，最快乐。

◆ 夸奖人也不是易事

我平常不太夸奖人，人们常说，夸奖人其实比训斥人更难，因为如果你夸奖了一个人，另外一个人就会不服气地想："我做得也不比他差呀，我那么做的时候为什么没有得到夸奖？"因为每个人都觉得自己做得最好。所以我从没有当面夸奖过某人，说"你真了不起"。我们夸奖人时往往是凭感觉，但是得考虑到旁边第三者的感受。

不过我们训斥人的时候就不需要想那么多了，如果总是思前想后，恐怕怒火也消失得无影无踪了吧。夸奖人与训斥人的差别，就在于此。

⬢ 父亲的形象

　　每当我看到电影或电视剧的古装戏里有人在锻造日本刀，就会想起父亲，作为铁匠的儿子，我小时候经常看他锻造日本刀，所以总觉得屏幕上的演员表现得还不够精彩。

　　在我的眼中，他工作时就像是一个出色的指挥家，一边用铁锤有力地敲打刀的这一面，一边不断地用另一把小锤子"咚咚咚"地寻找下一个要敲打的地方，据说能在瞬间找到下一步需要捶打的部位，这是成为名铁匠的一个条件。父亲在锻造的时候从不迟疑，另有两个徒弟在一旁为他打下手，他们配合得天衣无缝。父亲那种拼命工作的形象，至今仍时常浮现在我眼前。

◈ 在夏加尔的别墅

　　1980年年底，我在欧洲访问时，有位法国朋友问我是否愿意见一见画家夏加尔①。当时他已经93岁了，住在法国南部的别墅里，身体还很健康，依然对绘画充满了热情。作为一个知名度很高的画家，据说他平时并不怎么会客，但在那天他却和太太一起，很热情地接待了我们夫妇。我告诉他说："您的画在日本很受欢迎呢。"他问我为什么，我说："因为我自己曾经在进行设计的时候，达到过一种忘我的境界，所以我理解先生您的画中也有一种'无我'的境界，所以受欢迎。"夏加尔听了我这番话之后，竟然重重地点了点头，第二次紧紧地握住了我的手！

---

　　①　马克·夏加尔，英文名：Marc Chagall（1887—1985），为俄罗斯裔法国画家、版画家和设计师。夏加尔的作品依靠的是内在的诗意力量而非绘画逻辑规则，把来自个人经验的意象与形式上的象征和美学因素结合到一起，广受好评。

⬡ 尊重双方关系

人以类聚，物以群分。一个坏人身边，往往围着一群坏人。如果你信任别人，也会被别人信任。我至今都坚信这一点。

多年来，我一直埋头干着自己喜欢的工作，从未过问过家里的财政情况。从当公司法人的时代至今，也从没有见过公司的图章和自己的正式私章①，这可是实话。我认为应当充分信任我身边那些既有能力、又让我放心的人，这些事情交给他们去做，我的时间就可以腾出来更有效地利用。因为我的信条是"尊重相互之间的关系"，所以这一切都变成了可能。

① 正式私章：指在日本政府机关登记过的、作为印鉴证明的个人私章，每人仅限一个。

◈ 关于自我辩护

归根结底，人是生活在自我辩护之中的，这一点无可厚非。

无论是谁，都有自恋的一面，都想得到别人的好评，这是任何人都有的共同点。偶尔也有人故意装坏，但这种人往往心中比别人更希望得到周围人的夸奖与认可。

我认为正是因为人有这种自我辩护的本能，才会有进取心。动物的自我辩护，只能被称作"保护自己的本能"，而人类的自我辩护，则是有意识进行的。

◆〉困境也很重要

当我们突然遭遇难题、陷入困境时，其实也意味着"机会"的降临，因为此时我们会调动过去所积累的一切经验，来考虑对策；走投无路的时候，也会去寻求别人的帮助。这个时候，我们会明白，原来自己的力量还很薄弱，他人的存在是多么重要。

所以说，为了能够更好地成长，我们需要卓越的交友能力和不断向别人学习的谦虚精神。但遗憾的是，这些素质都很难从当今的教育中学到。在我看来，这些能力才是真正的生存能力。

◆ 玩乐的哲学

虽然我一生着迷于工作，但我也算是一个很爱"玩"的人。

比如说，在应酬中每当有艺伎为我们唱歌跳舞的时候，我都尽可能专注地欣赏她们的表演，她们看到我认真观看她们的节目，也很开心。"为他人着想"，这是我人生哲学中最基础的一条。有些人财大气粗地说什么"反正我出过钱了，看不看无所谓"，这样的人又能享受到什么乐趣呢。其实玩乐也是很重要的，那种连"玩"都不会的人，往往也得不到周围人的好感，更别提做成什么生意了。如果你不会与周围的人愉快地分享仅有的一点点宝贵时间，大家不能共同发出爽朗的笑声，那算什么玩乐？反正我是抱着这个想法一直"玩"到了今天。

"年轻的心态"很容易失去

正因为这个世界上有太多封闭、顽固的老古董，总是想把他们那些任性自私的想法强加给年轻人，所以年轻人活得很不容易。他们被那些不怀好意的视线包围着，思想也经常遭到蹂躏。年轻人刚做点什么事，就会有人皱着眉头出来说教："现在的年轻人啊，真不像话……"在这种环境中，年轻人很快就变老了。

无论在哪里，都一定会有那种看不惯年轻人的人存在。于是，年轻人渐渐也变得缩手缩脚，只会看周围人脸色行事了。年轻人该有的那种爽朗轻松劲，很快就消失得无影无踪了。

◈ 顽皮与个性

每个人的面孔和体形不同，个性与性格也大相径庭，所以最重要的就是要找到符合自己个性的方向，最大限度地发挥能力，过一个有意义的人生。

可是看看现在的教育，有没有尊重每个孩子的个性与性格呢？像我小时候，成绩单上的成绩虽然一塌糊涂，但是我天生长了一双巧手，要是让我做个什么物件，我有自信做得比谁都好。还有，要说调皮捣蛋，我在孩子群里也是数一数二的。面对那么淘气的我，父母却从没说过"抓紧学习"这种话。我并不是自夸，小孩子的顽皮有时候反而是拓展个性的绝好机会呢。

◈ 年轻人教会了我许多

　　美国出台《大气污染控制法》时，我们已经能生产发动机了。在参加曼岛摩托车大赛的时候，我们的燃烧技术已经非常成熟了。其实这部法律主要针对的就是燃烧技术，这是我们最擅长的领域，所以当时我在众人面前得意扬扬地夸口说："我们根本不怕！"是的，作为一个搞技术出身的人，我平时基本上能够从社会角度思考问题，但作为一个多年经营企业的经济人，也不知不觉地站在企业这一边了。

　　正在此时，身边的年轻人向我指出："出于社会责任感，一定要解决好公害问题。"当我和他们的意见出现分歧时，其实我心里是高兴的，因为年轻人教会了我很多。

⬡ 现实中的"炼金术"

我是一个铁匠的儿子，父亲通过每日的劳作，为我留下的童年记忆中有粗犷的锻造铁的过程，让我认识到机械的美和它们优良的品质……不知不觉中，即使是一个静止的铁块，我也愿意去探求它作为金属的动力构造。所以，我不喜欢讲什么大道理，我更看重实践。但在实践的过程中，我的脑海中也会形成一些简单的理论，也许这就是独特的、可以助我发现真相的"炼金术"。我也曾经被德国和意大利高超的机械技术深深吸引，然后以之为目标，一步步地往前努力，终于可以与其平起平坐了。

◈ 人生的起飞和着陆都要漂亮

　　飞机这玩意，就算已经成功穿越了太平洋，如果最后关头在羽田机场着陆时出了事，那也是前功尽弃。我过去也开过飞机，所以我的人生最终一定要漂漂亮亮地平稳着陆。

　　当我把社长的位置让出来之后，其实那时的心情还是像飞在一万米高空一样，但我毕竟不能不考虑着陆问题，就像乘飞机时那样，只有最后平安着陆，才算万事大吉。

　　我至今仍一心扑在工作上，可以说是没日没夜，但对于金钱和名誉，我已经没有欲望了。今后我只想做些对他人有益的事，仅此而已。

⬡ 严守秘密

维系我们一生幸福的一个重要因素是人际关系，如果没了这一项内容，那我们的人生会变得十分枯燥无味，而人际关系中最基本、最高尚的情感就是友情，无须多言，维系友情的是人与人之间的友爱、信赖与尊敬。

有一个行为可以把这些情感全部包含在内，那就是：严守秘密。当然，我不是指那些违反社会规则和人类道德标准的秘密，我说的是普通的秘密。因为保守秘密这个行为本身，包含着一股精神力量，体现了一个人的人格。所以，当你判断两个人的关系时，只要看他们能互相为对方严守多少秘密，就可略知一二了。

⬢ 不拥有别墅

我并不太喜欢桂离宫的庭园，总觉得里面不够开阔，到处紧巴巴的，也没有发展的余地。与此相比，倒是修学院的庭园，借景于其背后的一座大山，显得很壮观，我每次在里面散步时都感到心旷神怡。

从这个角度来说，我没有购买任何别墅。因为我认为，与其把钱花在一栋一年也住不了几次的房子上面，不如把自己和家人平时居住的家收拾得舒舒服服的，这样更合理。所以，宾馆就是我"会移动的别墅"。我认为，把钱花在一栋固定的别墅上，远不如到处走走，看看不同的风景，那样，视野反而可以更加开阔，各方面的知识会更加丰富。

◈ 看人的眼力

有人以为只要把经营权限一转让就万事大吉了，这种看法是愚蠢的。要真是这样，谁还愿意吃苦呢？任何事情都要看对象，转让权限也要讲究天时、地利、人和。为了找到合适的转让对象，大家都是费尽了周折。

因此经营者一定要有识人的眼力，这一点很关键。我自己则是尽量做到不被一个人的学历和经验所束缚，不戴有色眼镜去判断他的能力，而是努力从一个人的现在以及将来能发挥多大的能量来判断他。

思想决定行动

任何一个行动都伴随着目的与动机，如果说动机是充满正义的，目的是善的，行动却是"恶"的，这种情形一般不会发生。

动机与目的导致行动，而动机是由人的思想构成的，思想不正确的话，也不可能产生正确的行动。

所以与行动相比，思想更重要。

行动就好比是一把刀，决定它到底是利器还是凶器的重要因素，就是导致行动的思想，因此思想是否正确很重要。

◆ 速度决定胜负

　　每个人都想要速度快，速度快仿佛可以解决所有的问题，人一出生，快速就如影相随，父母也希望你快点长大，快点成才。"凡事要快"，似乎已经成了当代社会的一个标准，就连战争，也讲究快速。

　　我们的工作也是胜在快速，你的发明，只要比别人快一秒钟，就可以申请专利，这拼的就是一个速度。如果你否定快速的意义，也许是因为你没有在发明和创意上下过功夫，更谈不上什么智慧了。在我看来，那些否认快速的人，往往是人生的失败者。

本田宗一郎生平大事记

1906年11月17日，生于日本静冈县磐田郡光明村一个铁匠家中，为家中长子。

1922年，小学毕业后，进入东京本乡区汤岛的一家汽车修理厂当学徒。

1928年，回家乡创业，成立了一家汽车修理厂，名为"技术商会滨松支店"。

1937年，成立东海精机工业株式会社，开始生产活塞环。同年进入滨松高等工业学校机械科，旁听金属工学课程。

1945年，本田宗一郎将所持有的东海精机重工业股票全部转让给丰田汽车公司，发表"休业宣言"。

1946年10月，于滨松市设立本田技术研究所。

1947年，成功研制出本田最初的原创产品——50毫升双缸"A型自行车马达"，这是本田A型摩托批量生产的开始。

1948年，于滨松市设立本田技研工业株式会社。

1959年，驾驶自己研制的摩托车，首次参加英国曼岛摩托车比赛。

1961年，在曼岛摩托车比赛中囊括前5项所有奖牌，自此确定了本田摩托车在国际摩托车市场的地位。

1963年，本田技研开发出轻型卡车T360、小型跑车S500，正式加入了汽车行业。

1964年，本田发表"F1出场宣言"，在纽博格林赛道举行的德国F1大奖赛中，首次出现了本田赛车的身影。

1965年，在墨西哥F1大赛中，本田汽车第一次获得分站赛冠军。

1972年，本田技研推出低公害的CVCC发动机，是世界上第一个符合美国大气污染防治法规标准的产品。

1973年，本田宗一郎从社长的位置上退任，担任公司顾问。

1989年，本田宗一郎成为第一个被载入"美国汽车名人堂"的日本人。

1991年8月5日，本田宗一郎因肝功能不全去世，享年84岁8个月。获赠正三位勋一等旭日大绶章。